O VALOR ANTROPOLÓGICO DA DIREÇÃO ESPIRITUAL

Dados Internacionais de Catalogação na Publicação (CIP)
(Câmara Brasileira do Livro, SP, Brasil)

Peixoto, Cristiano Holtz
　O valor antropológico da direção espiritual / Cristiano Holtz Peixoto ; sob a coordenação de Waldecir Gonzaga. – Petrópolis, RJ : Editora Vozes ; Rio de Janeiro : Editora PUC, 2020. – (Série Teologia PUC-Rio)

Bibliografia.
ISBN 978-65-5713-035-3 (Vozes)
ISBN 978-65-991801-8-7 (PUC-Rio)

1. Antropologia teológica – Cristianismo 2. Crescimento pessoal 3. Direção espiritual 4. Seres humanos – Ensino bíblico 5. Revelações 6. Teologia sistemática I. Título II. Série.

20-47268　　　　　　　　　　　　　　　　　　　　　　　　　　　CDD-230

Índices para catálogo sistemático:
1. Teologia sistemática : Cristianismo 230

Maria Alice Ferreira - Bibliotecária - CRB-8/7964

Cristiano Holtz Peixoto

O VALOR ANTROPOLÓGICO DA DIREÇÃO ESPIRITUAL

SÉRIE **TEOLOGIA PUC-RIO**

© 2020, Editora Vozes Ltda.
Rua Frei Luís, 100
25689-900 Petrópolis, RJ
www.vozes.com.br
Brasil

Todos os direitos reservados. Nenhuma parte desta obra poderá ser reproduzida ou transmitida por qualquer forma e/ou quaisquer meios (eletrônico ou mecânico, incluindo fotocópia e gravação) ou arquivada em qualquer sistema ou banco de dados sem permissão escrita da editora.

CONSELHO EDITORIAL

Diretor
Gilberto Gonçalves Garcia

Editores
Aline dos Santos Carneiro
Edrian Josué Pasini
Marilac Loraine Oleniki
Welder Lancieri Marchini

Conselheiros
Francisco Morás
Ludovico Garmus
Teobaldo Heidemann
Volney J. Berkenbrock

Secretário executivo
João Batista Kreuch

©**Editora PUC-Rio**
Rua Marquês de S. Vicente, 225
Casa da Editora PUC-Rio
Gávea – Rio de Janeiro – RJ
CEP 22451-900
T 55 21 3527-1760/1838
edpucrio@puc-rio.br
www.puc-rio.br/editorapucrio

Reitor
Pe. Josafá Carlos de Siqueira SJ

Vice-Reitor
Pe. Anderson Antonio Pedroso SJ

Vice-Reitor para Assuntos Acadêmicos
Prof. José Ricardo Bergmann

Vice-Reitor para Assuntos Administrativos
Prof. Ricardo Tanscheit

Vice-Reitor para Assuntos Comunitários
Prof. Augusto Luiz Duarte Lopes Sampaio

Vice-Reitor para Assuntos de Desenvolvimento
Prof. Sergio Bruni

Decanos
Prof. Júlio Cesar Valladão Diniz (CTCH)
Prof. Luiz Roberto A. Cunha (CCS)
Prof. Luiz Alencar Reis da Silva Mello (CTC)
Prof. Hilton Augusto Koch (CCBS)

Conselho Gestor da Editora PUC-Rio
Augusto Sampaio, Danilo Marcondes, Felipe Gomberg, Hilton Augusto Koch, José Ricardo Bergmann, Júlio Cesar Valladão Diniz, Luiz Alencar Reis da Silva Mello, Luiz Roberto Cunha e Sergio Bruni.

Coordenação da série: Waldecir Gonzaga
Editoração: Programa de pós-graduação em Teologia (PUC-Rio)
Diagramação: Raquel Nascimento
Cotejamento: Alessandra Karl
Capa: WM design

ISBN 978-65- 5713-035-3 (Vozes)
ISBN 978-65- 991801-8-7 (PUC-Rio)

Editado conforme o novo acordo ortográfico.

Este livro foi composto e impresso pela Editora Vozes Ltda.

Sumário

Lista de siglas e abreviaturas, 7

Prefácio, 9

Introdução, 13

Capítulo 1 | A Direção Espiritual e o ser humano de hoje, 19

1.1. O ser humano na contemporaneidade, 20

1.2. A Direção Espiritual: história, método e prática atual, 25

1.3. Questionamentos possíveis, 35

Capítulo 2 | O ser humano é pessoa, 37

2.1. O ser humano na Revelação Bíblica, 37

2.2. O conceito cristão de pessoa, 41

   2.2.1. Na Antropologia Teológica, 42

   2.2.2. Na Constituição *Gaudium et Spes*, 45

   2.2.3. No Magistério do Papa Francisco, 47

2.3. O problema do dualismo antropológico, 51

2.4. Contribuição de outras ciências para a Teologia, 60

   2.4.1. O Personalismo de E. Mounier, 60

   2.4.2. A Abordagem Centrada na Pessoa de C. R. Rogers, 64

Capítulo 3 | Direção Espiritual e crescimento pessoal do ser humano, 68

3.1. A Direção Espiritual hoje, 68

    3.1.1. Modalidades de Direção Espiritual segundo G. Filoramo, 69

    3.1.2. Outras modalidades de Direção Espiritual, 75

3.2. A arte de escutar, 81

3.3. O sentido da Paternidade Espiritual, 83

3.4. Direção Espiritual como educação para a alteridade, 88

    3.4.1. Esclarecimentos e condições prévias à Direção Espiritual, 90

    3.4.2. Características da Direção Espiritual, 91

    3.4.3. Requisitos para ser um(a) diretor(a) espiritual, 97

    3.4.4. Conclusões, 101

Conclusão, 105

Posfácio, 109

Referências bibliográficas, 117

Lista de siglas e abreviaturas

ACP	Abordagem Centrada na Pessoa
CEC	Catecismo da Igreja Católica
Ch	Chama Viva de Amor (São João da Cruz)
CIC 1917	*Codex Iuris Canonici* (1917)
CIC 1983	Código de Direito Canônico (1983)
CNBB	Conferência Nacional dos Bispos do Brasil
Conf.	Confissões (Santo Agostinho)
DAp	Documento de Aparecida (V Conferência Geral do Episcopado Latino-Americano e do Caribe)
DP	Documento de Puebla (III Conferência Geral do Episcopado Latino-Americano)
EE	Exercícios Espirituais (Santo Inácio de Loyola)
EG	Exortação Apostólica *Evangelii Gaudium*
EPVM	Encontros de Preparação à Vida Matrimonial
GE	Exortação Apostólica *Gaudete et Exsultate*
GS	Constituição Pastoral *Gaudium et Spes*
IBGE	Instituto Brasileiro de Geografia e Estatística
LG	Constituição Dogmática *Lumen Gentium*
LS	Carta Encíclica *Laudato Si'*
MVP	Diretório para o Ministério e a Vida dos Presbíteros
PD	Carta *Placuit Deo*
RB	Regra de São Bento
RF	*Ratio Fundamentalis Institutionis Sacerdotalis*
RICA	Ritual da Iniciação Cristã de Adultos

Rom.	Carta aos Romanos (Santo Inácio de Antioquia)
Tht	Teeteto (Platão)
Tract. Io. Ev.	Tratado sobre o Evangelho de João (Santo Agostinho)
V	Livro da Vida (Santa Teresa de Jesus)

Prefácio

Esgotamento de uma época de orfandade

Alegro-me em apresentar a pesquisa de Cristiano Holtz Peixoto, intitulada "O valor antropológico da Direção Espiritual". Desde os primeiros momentos em que o projeto me foi apresentado, percebi que estaria diante de uma reflexão desafiadora. De fato, a expressão *Direção Espiritual*, em nossos dias, carrega o estigma da obsolescência, embora cada vez mais pessoas de diversas condições estejam buscando apoios e escutas. Desse descompasso entre busca, por um lado, e estigma de outro, o projeto de dissertação apresentou-se como relevante, ao refletir sobre uma questão que cresce a cada dia, sem que receba a devida acolhida, enquanto impasse entre busca e rejeição.

Importava, como ocorre na fase inicial de todo projeto de pesquisa, definir com clareza o enfoque a ser utilizado. No caso da Direção Espiritual, o material descoberto lidava com o tema a partir da teologia espiritual e da história. Diante, porém, do mencionado impasse entre busca e rejeição, tornava-se clara a importância de se ir além, de ultrapassar abordagens que indicassem a Direção Espiritual apenas como uma regra eclesiástica a ser obedecida de modo inquestionável.

A solução foi encontrada na antropologia teológica, na medida em que este campo da teologia permite estabelecer a pergunta central para a superação do impasse: estamos diante de uma prática histórico-cultural ou de uma necessidade efetivamente humana, um dado antropológico básico? Se se trata de uma realidade apenas histórico-cultural, alterados os contextos, a Direção Espiritual pode ser deixada de lado. Se, entretanto, estamos diante de uma necessidade antropológica, mudam-se os contextos, mas a necessidade permanece. Pode-se, certamente, alterar a forma como esta necessidade é enfrentada, não sendo, contudo, antropologicamente aceitável o seu simples descarte.

Quando, pois, integramos Direção Espiritual e antropologia teológica, chegamos ao cerne de grandes debates humanos de nosso tempo, pois nos indagamos quem é, afinal, o ser humano, em especial na sua relação com os demais seres humanos. A modernidade filosoficamente entendida gerou, dito em linguagem simples, um ser humano com forte tendência ao autofechamento, à autorrefencialidade. Para este ser humano, o outro e a outra são contingências a serem, na verdade, superadas. Utilizando a citação de Zigmund Bauman, Cristiano Holtz Peixoto, logo na introdução de seu trabalho, recorda a metáfora do *acampamento*, por meio do qual o encontro de pessoas se dá muito mais por razões funcionais.

Consequentemente, a pesquisa ora apresentada foi, desde o início, assumida como indutiva, ou seja, a partir da qual a identidade antropológica mais profunda do ser humano pode ser compreendida. Olhando uma situação específica, a da direção espiritual, é possível compreender quem de fato é o ser humano nas suas relações com os outros e outras. Enquanto refletiu sobre a Direção Espiritual, a pesquisa também o fez em relação à identidade mais profunda do ser humano, não enquanto voltado para si mesmo, ao estilo das mônadas de Leibniz, mas, ao contrário, um ser humano aberto positivamente ao relacionamento interpessoal, em que o receber e o dar se intercambiam num processo contínuo.

Nesse sentido, é interessante olhar o passado e ver como quem nos precedeu lidou com essa relação e porque ainda em nossos dias se mantém prescrita a regra da Direção Espiritual. A permanência histórica de uma prática, atravessando contextos históricos e sociais distintos, já deve ser por si uma interpelação a quem quer fazer ciência. Se não houvesse uma razão antropológica, ou seja, uma razão humana mais profunda do que as manifestações históricas e culturais, esta prática já teria desaparecido com o tempo.

O fato é que, em tempos como o nosso, em que a necessidade de descoberta ou redescoberta dos princípios fundantes da identidade humana e, consequentemente, social se tornam uma tarefa inalienável e inadiável, a reflexão antropológica assume papel relevante. Nesta, o destaque pode ser dado ao conceito de *pessoa*, assumido na dissertação como coração teológico da pesquisa. Perpassando pela origem do conceito e recolhendo algumas das inúmeras reflexões a seu respeito, a pesquisa articula filosofia (Mounier), psicologia (C. Rogers) e magistério (*Gaudium et Spes*, Papa Francisco), fugindo, portanto, das armadilhas dualistas que, lendo cada um dos enfoques como soberanos e excludentes, acaba por deixar de perceber o ser humano que, visto sob diferentes abordagens, emerge numa unidade desafiadora e fascinante.

Esta é a razão pela qual o dualismo antropológico, longe de estar superado, permanece como tema central da reflexão teológica. Embora estudado com mais detalhes no âmbito da antropologia, o dualismo deve estar presente em todas as especialidades desta ciência, na medida em que, se não forem evitadas as armadilhas da separação ou exclusão, o resultado será a individualização excludente, numa realidade autorreferenciada.

Se quisermos, portanto, dar uma efetiva contribuição para nossos dias, precisaremos considerar o aspecto antropológico de qualquer reflexão, ou seja, que imagem de ser humano subjaz ao que se está refletindo. Em segundo lugar, será necessário indagar se a imagem de ser humano está ou não marcada pelo dualismo antropológico, tão antigo e tão atual. Por fim, será igualmente necessário indagar o papel da outra pessoa na vida de cada um(a) de nós. Existirá, devemos nos perguntar a partir da leitura do texto que ora é apresentado, uma alternativa antropológica entre o submeter-se e o soberanizar-se? O que resta ao ser humano no caminho da busca por sua identidade mais profunda: afirmar-se ou se anular diante de outro(s) ser(es) humano(s)?

A contribuição da pesquisa está no fato de que a resposta para estas perguntas só pode ser encontrada exatamente quando se foge da alternativa entre afirmar e anular. Por certo, o ponto de partida é a rejeição a toda forma de anulação humana, princípio que vale para toda e cada pessoa. Ninguém em situação alguma deve ser anulado, na medida em que lhe cabe, pelo fato primordial de existir, uma intransferível dignidade. O problema estudado nesta pesquisa e aberto a outras reflexões está no fato de que a recusa pela anulação não pode levar à afirmação de um sujeito de tal modo fechado em si que tácita ou explicitamente afirme sua individualidade a ponto de não conseguir ultrapassar os limites das relações meramente funcionais, chamadas pelo pesquisador de "lógica de condomínio", onde as pessoas se unem para resolver problemas pontuais, não para o encontro enquanto valor em si mesmo, enquanto convivialidade.

Emerge, desse modo, a figura do diretor ou diretora espiritual, figura apresentada no capítulo 3, como condição de crescimento do ser humano. Mais do que uma lei exterior, a ser abandonada assim que possível, o atual momento da história humana, com as contribuições de diversas ciências, mostra que o ser humano, mais do que uma individualidade, é co-humano, isto é, é humano com os outros humanos, sem que isso, todavia, implique depreciação na sua identidade. Direção Espiritual, embora um termo com forte carga histórica, aparece aqui como verdadeira condição antropológica, como parte integrante do que de mais profundo o ser humano é. Para compreender esta condição, é necessário recorrer a categorias como *alteridade* ou *encontro*, em que duas pessoas se abrem ao mistério uma da outra, na busca, no discernir e na descoberta da identidade e da missão de ambas.

Note-se que não se trata de uma postura unidirecional, em que apenas uma das pessoas conduz a totalidade do processo. Se, por um lado, o diretor ou diretora espiritual traz consigo o peso de uma palavra que não pode deixar de ser dita, por outro, num processo eminentemente maiêutico, a pedagogia da autêntica Direção Espiritual consiste em buscar do interior do dirigido ou dirigida, as bases para o efetivo discernimento do que estiver sendo abordado. Isso acontece porque Direção Espiritual e imposição se excluem mutuamente. Se uma ocorre, a outra desaparece. Ao contrário, se a alteridade é respeitada, quem *dirige* sabe ouvir, olhar, sentir, perceber. Seu carisma e sua experiência fazem com que o encontro entre duas inalienáveis identidades produza um discernimento antropologicamente tão fecundo que o próprio diretor espiritual também sai humanamente revigorado do encontro.

Nossos dias, informa a pesquisa, não abandonando a Direção Espiritual exatamente por sua base antropológica, permite que sejam encontradas outras formas para seu exercício. Explica-se, deste modo, o surgimento de inúmeros serviços de escuta e aconselhamento, nas mais variadas vertentes. No que se poderia chamar de esgotamento de uma época histórica de pressuposto antropológico autorreferenciado, as buscas por Direção Espiritual, ainda que sob inúmeras formas, revela que estamos diante de uma necessidade humana que não pode ser descurada.

Este é o motivo pelo qual o título da pesquisa recorreu à imagem da orfandade, como expressão de uma realidade profundamente ambígua. Por um lado, ao afirmar a onipotência do ser humano individualizado e autorreferente, coloca às claras a fragilidade dessa onipotência, fazendo com que o ser humano, em meio a tudo que vivencia, se volte para a experiência primordial do encontro intersubjetivo, levado a efeito de tantos modos, desde que expressão da alteridade e do encontro.

Para, enfim, refletir sobre assunto tão relevante, o pesquisador seguiu o caminho, o método, mais lógico e tranquilo. Apresentou a questão ao tratar, logo no início, da relação entre a Direção Espiritual e o ser humano hoje, estabelecendo, em seguida, a base antropológica para a resposta, a saber, o conceito de pessoa, para concluir que a Direção Espiritual enquanto encontro interpessoal é condição para o crescimento do ser humano. Em sua pesquisa, recolheu bibliografia histórica e de teologia sistemática, produzindo um texto literariamente pedagógico e de fácil leitura.

Desejo que esta obra seja lida e acolhida por pessoas e comunidades, as quais, para além de suas confessionalidades, efetivamente reconheçam o ser humano como imagem e semelhança de um Deus que é relação e que, por isso, nos criou para a relação positiva, fecunda e integradora.

Prof.-Dr. Dom Joel Portella Amado
Secretário-geral da CNBB

Introdução

Uma das características mais evidentes no ser humano contemporâneo é a autoproclamação de sua individualidade e liberdade. Diante das circunstâncias atuais, o mesmo tem se imposto como modelo e referência tanto na tomada de decisões pessoais como na propagação e defesa de suas ideias diante da coletividade.

Atendendo a essa demanda, a mídia em geral oferece cada vez mais interatividade aos seus consumidores, seja apresentando ampla possibilidade de exposição de ideias, imagens e opiniões, como é o caso das redes sociais, seja na construção de conteúdo a partir dos próprios telespectadores e radiouvintes, como é o caso da mídia televisiva e radiofônica, pois ao ser humano contemporâneo não satisfaz o fato de pertencer a um grupo. Ele quer, ou melhor, precisa ser respeitado, acolhido, ouvido em sua própria individualidade.

Esse clamor pela subjetividade não é uma rejeição ao senso de comunidade, mas uma nova percepção sobre o mesmo. A comunidade, para o indivíduo contemporâneo, é uma reunião que visa ao seu bem particular, mais que ao bem comum. Se ela atende aos seus objetivos, não há mal em viver em um grupo. É o que podemos chamar de *lógica de condomínio*, ou, conforme Z. Bauman, *padrão do acampamento*:

> O lugar está aberto a quem quer que venha com seu trailer e dinheiro suficiente para o aluguel; os hóspedes vêm e vão; nenhum deles presta muita atenção a como o lugar é gerido, desde que haja espaço suficiente para estacionar o trailer, as tomadas elétricas e encanamentos estejam em ordem e os donos dos trailers vizinhos não façam muito barulho e mantenham baixo o som de suas TVs portáteis e aparelhos de som depois de escurecer. [...] Os motoristas trazem para o acampamento suas próprias casas. [...] Ocasionalmente podem reivindicar melhores serviços; [...] mas nunca lhes ocorreria questionar e negociar a filosofia administrativa do lugar, e muito menos assumir a responsabilidade pelo gerenciamento do mesmo.[1]

---

1. BAUMAN, Z., Modernidade líquida, p. 35.

Podemos dizer que a mídia reproduz o novo perfil dos indivíduos de duas formas: a) enquanto expressa pensamentos e sentimentos de seus interlocutores (retransmissão); e b) enquanto alimenta um novo modelo de identidade, pois seu conteúdo performativo traz elementos que se agregam aos indicados pelos consumidores e são por eles assimilados, estabelecendo-se assim novos modelos de personalidade. Por exemplo, as tendências que são mostradas na teledramaturgia têm a ver com o modelo de vida praticado pelas pessoas, mas também lhes oferecem novas possibilidades, como afirma O. Wilde: "A vida imita a arte muito mais do que a arte imita a vida".[2] Nesse caso, quanto mais modelos houver, mais consumo haverá, e a garantia do sucesso aumenta. Logo, a filosofia da sociedade de consumo pode ser assim expressa: "ser é consumir".

À parte a questão da relação entre individualismo e consumo, da qual se ocupa a Sociologia, neste livro vamos nos concentrar sobre as consequências deste modo de pensar quando está em jogo a espiritualidade e a relação deste ser humano com Deus e com a religião. Como qualquer outra instituição, as religiões também sofrem a crise que se estabeleceu a partir do "derretimento dos sólidos"[3] provocado por este novo modelo de modernidade. Sendo mediadoras entre Deus e o ser humano, este novo conceito de relação chegou inclusive ao conceito de Deus. As religiões também entraram, mais ou menos voluntariamente, na lógica de mercado, pois esta é a única forma de sobreviver:

> Já que a "relevância" socialmente significativa da religião situa-se primordialmente na esfera privada, a preferência do consumidor reflete as "necessidades" dessa esfera. Isso significa que a religião pode ser comercializada mais facilmente se se puder mostrar que ela é mais "relevante" para a vida privada. [...] Daí resulta que as instituições religiosas tenham se acomodado às "necessidades", moral e terapêutica, do indivíduo em sua vida privada.[4]

Não obstante a busca do ser humano por realidades e verdades que atendam à sua demanda individual – o que levaria à dedução de que seria o fim das religiões em face da secularização crescente –, tem-se notado um considerável aumento na procura por caminhos de espiritualidade e transcendência, sob as mais variadas formas, desde a literatura de autoajuda, passando pelas terapias alternativas, a resolução instantânea de conflitos e alcance de objetivos imediatos (*coaching*), a busca de conhecimento de religiões orientais, práticas esotéricas, ou

---

2. WILDE, O. The decay of lying, p. 1.
3. BAUMAN, Z., Modernidade líquida, p. 9.
4. BERGER, P. L., O dossel sagrado, p. 158.

mesmo surpreendentemente a volta a modelos de fundamentalismo religioso que, até pouco tempo, pareciam ter os dias contados. Sentindo-se incapaz de responder aos seus questionamentos espirituais por si só, o ser humano busca ajuda, pois se sente órfão, ou, como escrito nos Evangelhos, como ovelha sem pastor (Mt 9,36).

Ora, a Igreja tem no seu tesouro a Direção Espiritual, uma prática nascida em contexto pré-cristão e reformulada a partir de seus conteúdos, cujo desenrolar se deu no deserto, quando a vida cristã se afastou dos núcleos comunitários.[5] Tendo a experiência cristã nascido essencialmente comunitária, ao se transformar o contexto, o ser humano sentiu a necessidade de procurar ajuda para entender a si mesmo e escutar a voz de Deus, pois a experiência de Deus só pode ser feita, ao mesmo tempo, no íntimo do coração e na relação com o próximo. Foi assim que alguns cristãos, considerados mais experientes na sua relação com Deus, começaram a ser procurados como pais.

Com o passar do tempo, a Direção Espiritual assumiu formas e métodos diferentes, embora seu conteúdo tenha continuado o mesmo. Não há segredo ou fórmula por trás da prática: trata-se de uma conversa fraterna entre dois cristãos, cujo assunto fundamentalmente é a procura da vontade de Deus.[6] Consequentemente, nela se vive o principal mandamento, segundo o ensinamento do Senhor: "Amarás ao Senhor teu Deus de todo o teu coração, de toda a tua alma e de todo o teu espírito e o teu próximo como a ti mesmo" (Mt 22,37-40). Estabelece-se uma tríplice relação à semelhança da comunhão trinitária: o cristão é chamado a relacionar-se com Deus por meio do diálogo com outro cristão, e este diálogo o ajuda a aprofundar-se em si mesmo, abrindo-se para Deus e para o outro de tal forma que também o *mestre* se aprimora ao se relacionar com o *discípulo*, crescendo igualmente na relação com Deus.

Esta pesquisa tem por objetivo apresentar a Direção Espiritual como uma necessidade antropológica a partir da perspectiva cristã, que vê o ser humano não como indivíduo autossuficiente, mas como pessoa, cuja identidade está fundada na sua capacidade de relação e no desenvolvimento das suas próprias habilidades. Esta relação se torna, assim, uma necessidade antropológica, um caminho para responder aos anseios dos homens e das mulheres de nosso tempo, não sem obstáculos e dificuldades, como qualquer realidade humana. A evangelização de hoje precisará empreender o caminho que acolha o indivíduo e o ajude a se relacionar com Deus, com o próximo e com a criação. Nesse processo, o ser humano vai

---

5. MERTON, T., Direção Espiritual e meditação, p. 15.
6. BARRY, W. A.; CONNOLLY, W. J., A prática da Direção Espiritual, p. 22.

se assumindo como pessoa, o que favorece a comunhão, desejo de Deus para a humanidade.

Por isso, não é possível falar em Direção Espiritual sem reconhecer a ação do Espírito Santo, pois é Ele que inspira no ser humano o desejo de abrir-se para Deus e para o irmão. Mesmo o desejo de fazer o bem e de ser salvo é gerado no seu coração por meio do Espírito. Portanto, espiritualidade não se refere a uma realidade separada da existência corporal, como se corpo e alma fossem duas realidades justapostas ou até mesmo antagônicas. Antes, é a ação do Espírito Santo na vida do fiel considerada integralmente:

> A espiritualidade não é o que designamos habitualmente por esta palavra, mas antes a manifestação da ação misteriosa do Espírito Santo. E isto nos coloca imediatamente em uma posição muito nítida em relação à paternidade espiritual, pois não se trata mais de formar uma pessoa seguindo certos princípios e de lhe ensinar a se desenvolver na oração ou na ascese segundo alguns estereótipos. A paternidade espiritual consistiria então, para o pai espiritual, qualquer que seja o seu próprio nível de espiritualidade, em vigiar com um olho vigilante o que faz o Espírito Santo com e em tal pessoa; ele (Pai espiritual) estimulará Sua ação, a protegerá contra as tentações, as quedas e contra as hesitações da incredulidade.[7]

Os diretores espirituais são, nesse sentido, aqueles que, conhecendo a ação do Espírito Santo em sua própria vida, sabem reconhecê-la na vida dos outros, e por isso são chamados a fazê-lo por meio de seu ministério. Sua tarefa é, como diz São João da Cruz, facilitar o encontro das pessoas com Deus que, por meio do Espírito, quer se relacionar de forma íntima com seus filhos. A missão dos diretores espirituais é sublime, desafiadora e ao mesmo tempo secundária, pois eles podem ser ditos, de certa forma, *diáconos do Espírito*:

> Advirtam tais guias espirituais de almas, e considerem que o principal artífice, guia e inspirador das almas em semelhante obra é o Espírito Santo, e não eles. Este Espírito divino jamais perde o cuidado delas; os diretores são apenas instrumentos para dirigir as almas na perfeição, mediante a fé e a lei de Deus, e segundo o espírito que Ele vai dando a cada uma. Toda a solicitude que eles devem ter, portanto, seja em não as sujeitar ao próprio modo e condição deles, mas sim em olhar bem se sabem o caminho por onde Deus as conduz; porque se o não sabem, deixem-nas, e não as perturbem.[8]

---

7. SOUROGE, A., Acerca do Pai Espiritual e da Paternidade Espiritual.

8. Ch III, 46.

A linha adotada nesta pesquisa, embora não negligencie a preponderância da ação do Espírito Santo para o êxito da Direção Espiritual, tem seu enfoque mais diretamente voltado para o Tratado da Antropologia Teológica. Assim, visa reconhecer a Direção Espiritual como uma necessidade antropológica, cuja finalidade é plasmar no ser humano a imagem de Deus mediante a ação do Espírito Santo. Para realizar este intento, a pesquisa se desdobrará da seguinte forma:

No primeiro capítulo, consideraremos a situação do ser humano na contemporaneidade: suas características essenciais, seus anseios, seus mecanismos para encontrar respostas, especialmente no que diz respeito à espiritualidade. A seguir, consideraremos a Direção Espiritual: sua história, a variedade dos métodos praticados, sua evolução e seus desdobramentos na atualidade. Por fim, buscaremos levantar questionamentos decorrentes do encontro entre o ser humano atual e a Direção Espiritual. Embora o objeto material deste trabalho seja a Direção Espiritual, julgamos importante iniciar a pesquisa com um olhar sobre a situação do ser humano na atualidade para compreender como a Direção Espiritual pode efetivamente ajudá-lo. Trata-se de contextualizar a problemática estudada.

No segundo capítulo, apresentaremos, dentro da antropologia cristã, o conceito de pessoa. Para tanto, investigaremos este conceito na Revelação Bíblica, no Tratado da Antropologia Teológica e no magistério eclesiástico mais recente, a partir do Vaticano II, e de forma especial no magistério do Papa Francisco. Também voltaremos nosso olhar para o problema do dualismo antropológico, enfrentado pela Antropologia Teológica, e proporemos uma solução para tal. E ainda estudaremos o conceito de pessoa em algumas ciências afins, como o Personalismo de E. Mounier e a Abordagem Centrada na Pessoa, de C. R. Rogers, com o fim de perceber como o tema se desenvolve também fora da teologia. A opção por estruturar este caminho se deu por uma razão cronológica. Em primeiro lugar, abordaremos os conteúdos mais antigos, ou seja, o dado bíblico e o dado patrístico. As reflexões psicológica e filosófica que abordam a questão da pessoa, conforme o caminho desta pesquisa, são de origem bem mais recente.

Por fim, no terceiro capítulo, consideraremos o urgente apelo à conversão pastoral, que nos impele a ser uma "Igreja em saída",[9] e a compreender como, mediante a escuta, a Direção Espiritual se desdobra e se atualiza em outras atividades pastorais, que não a suprimem enquanto tal, mas se adaptam às novas circunstâncias e podem, efetivamente, complementá-la. O mais importante é que, juntas, essas modalidades podem responder as interpelações do contexto atual à teologia, em especial no que diz respeito à salvaguarda da alteridade como referencial in-

---

9. EG 17; 24.

dispensável para a formação da pessoa. Desse modo, é possível assumir na Igreja o verdadeiro papel de pai/mãe espiritual, tão necessário ao desenvolvimento do ser humano, em especial na atualidade, devido à falta de referências sólidas para a construção da identidade pessoal e cristã.

Esperamos, assim, que esta pesquisa colabore com a ação evangelizadora, apresentando de forma atualizada uma prática tão antiga quanto essencial para o desenvolvimento da natureza do ser humano, criado à imagem de Deus, e, portanto, para viver em comunhão, à semelhança da Trindade Divina.

Capítulo 1 | A Direção Espiritual e o ser humano de hoje

O contexto fluido no qual vivemos é caracterizado, entre outras coisas, pela coexistência mais ou menos harmônica de conceitos díspares e até mesmo contraditórios. No campo religioso, por exemplo, existe tanto uma desconfiança generalizada da religião enquanto instituição e proposta de modelo ético – pois, supostamente, esta tiraria a liberdade pessoal –, como uma busca constante por respostas, ou ao menos por caminhos de compreensão da própria existência à luz do sobrenatural.

A título de exemplo, o Censo 2010 destacou um grupo denominado "evangélicos não determinados".[10] Trata-se de pessoas que, possuindo alguma experiência religiosa de matriz evangélica, não estão vinculadas institucionalmente a nenhuma denominação. Ora, embora o número de pessoas que se encontram nesta situação tenha emergido a ponto de merecer destaque naquele relatório censitário, podemos afirmar com segurança que este é um fenômeno comum a um bom número de grupos religiosos, para não dizer de todos. No fundo, é coerente afirmar a existência de um grupo ao qual podemos chamar de "sem religião definida", no qual figuram tanto pessoas que transitam rápida e constantemente entre diversas experiências religiosas, colhendo um pouco de cada, e vivendo uma religiosidade *ad libitum*, como aquelas que se identificam com um grupo religioso maior, sem, contudo, declarar formalmente sua filiação (não praticantes).

Esse fato modifica e amplia o perfil dos *sem religião*,[11] pois, a rigor, embora sob perspectivas diversas, trata-se da mesma prática dos que não estão ligados a

---

10. IBGE, Censo demográfico de 2010.

11. JACOB, C. R., Religião e sociedade em capitais brasileiras, p. 162; LIBÂNIO, J. B., A religião no início do milênio, p. 219; SILVA, A. L., Indivíduos sem-religião, p. 63; TEIXEIRA, F.; MENEZES, R. (Orgs.), Religiões em movimento.

nenhuma religião por convicções filosóficas e/ou de ordem pessoal. R. Villasenor[12] destaca quatro subgrupos sob o título *sem religião*: a) os de religiosidade própria; b) os desvinculados e descrentes; c) os críticos das religiões; d) os ateus.

Merece destaque, entre os quatro subgrupos mencionados, o dos que possuem religiosidade própria, pois estes conjugam interiormente o que antes era inconciliável: estabelecem um novo modelo doutrinal, sintetizado por eles mesmos, levando a uma prática mais ou menos aproximada dos costumes das religiões conhecidas, sem a vigilância ou o controle de uma autoridade. Sendo autor da própria religião, o indivíduo passa a ser o parâmetro de moralidade e de ortodoxia, tornando-se, de certa forma, seu próprio deus. Apesar de parecer um fenômeno externo às religiões institucionais, o mesmo acontece na dinâmica interna delas próprias, pois muitos dos que professam um determinado credo vivem os valores e as normas da religião segundo seu próprio arbítrio. Entre as frases repetidas com determinada frequência está a célebre máxima "mas eu acho...", onde a adversativa exclui a força da oração principal, na qual via de regra se situa o argumento *ad autoritatem* pregado institucionalmente.

Diante deste cenário, torna-se importante, para situar o problema que nos propomos a estudar, fazer o seguinte caminho neste capítulo: primeiramente, observaremos o ser humano a partir do contexto sociológico atual, destacando as principais características antropológicas emergentes. A seguir, traçaremos o perfil da Direção Espiritual, recuperando os métodos utilizados ao longo da história, bem como sua configuração atual. Por fim, buscaremos levantar questões sobre a necessidade da Direção Espiritual em face das transformações sociais pelas quais o ser humano e o mundo têm passado.

1.1. O ser humano na contemporaneidade

Embora não seja o caso de descartar toda a construção teórica do passado, impõe-se, atualmente, a necessidade de perguntar o significado das coisas neste tempo específico. Isso porque as transformações pelas quais a sociedade e a cultura têm passado não supõem nem se fundamentam em certezas estabelecidas anteriormente. De alguma forma, a liquefação anunciada por Bauman[13] atingiu todos os alicerces da vida social, de tal forma que é preciso reconstruir as bases com o que foi possível reciclar do que sobrou desse processo, que ainda não se encerrou.

---

12. VILLASENOR, R. L., Crise institucional: os sem religiosidade própria, p. 9.
13. BAUMAN, Z., Modernidade líquida, p. 9.

Sendo assim, mesmo as questões fundamentais precisam ser recolocadas, tendo como chave de leitura o novo contexto que se instaurou. Em nosso caso, não basta apenas perguntar o que é o homem, mas antes o que o caracteriza ou identifica no contexto atual. Torna-se indispensável, destarte, traçar um perfil antropológico contemporâneo.

Feita esta consideração, devemos ponderar que é inevitável propor uma reflexão de tal envergadura sem recorrer aos grandes teóricos da conjuntura atual, Z. Bauman, com o conceito de *liquidez*,[14] e G. Lipovetsky, com o *neoindividualismo*.[15] Contudo, procuraremos nos deter em um conceito análogo e mais centrado na antropologia, apresentado por H. Nouwen como *pessoa nuclear*.[16] Esta designação de H. Nouwen sintetiza as teorias sociológicas mencionadas, traduzindo-as nas implicações antropológicas decorrentes.

Quem é esta pessoa nuclear? Segundo H. Nouwen, é alguém consciente de que possui um grande poder que contém em si a capacidade de autodestruição, alguém que "vê à sua volta uma tal variedade e abundância de objetos úteis que a escassez já não lhe motiva a vida, mas ele anda simultaneamente às apalpadelas à procura de uma direção e em busca de sentido e de objetivo".[17]

Para explicar melhor o conceito, o autor elenca três características fundamentais que constituem a pessoa nuclear. São elas:

a) *Desorganização histórica* – a pessoa nuclear não se sente vinculada ao seu passado e não tem perspectiva de futuro. Suas expectativas não são como a de seus antepassados, para os quais a vida era uma gama de oportunidades para arriscar, acreditar, construir. Ela tem anseios, mas estes não estão vinculados a um projeto de vida:

> O que é crucial para o homem nuclear é a falta de sentido de continuidade, intrinsecamente vital para uma vida criativa. Ele sente-se parte de uma não história, onde apenas o momento atual do aqui e agora tem valor. [...] No meio da sua desorganização ele fica paralisado. [...] Quando se encara como a vítima passiva de uma burocracia tecnológica extremamente complexa, faltam-lhe motivações e passa a vaguear do momento presente

---

14. BAUMAN, Z., Modernidade líquida, p. 9.
15. LIPOVETSKY, G., A sociedade pós-moralista, p. 40.
16. NOUWEN, H. J. M., O curador ferido, p. 19. Embora, a partir deste ponto, o autor utilize a expressão "homem nuclear", optamos por manter o termo *pessoa*, sem causar prejuízo ao entendimento.
17. NOUWEN, H. J. M., O curador ferido, p. 21.

para o seguinte, transformando a vida numa longa cadeia de incidentes e acidentes.[18]

Para a pessoa nuclear, conforme recorda H. Nouwen, existem duas dificuldades em relação ao discurso religioso tradicional: soa estranho qualquer tipo de vinculação ao passado (não se dá a mesma importância que outras gerações davam ao patrimônio, material ou imaterial), então não faz sentido repeti-lo; e igualmente soa estranho qualquer discurso de caráter escatológico, visto que o futuro não faz parte de suas preocupações fundamentais: para ela, "o problema não reside em que o futuro esconde um novo perigo, como, por exemplo, uma guerra nuclear, mas que poderá nem sequer haver futuro".[19]

b) *Ideologia fragmentada* – sem o referencial do tempo, sem uma visão de futuro, a pessoa nuclear está exposta a toda espécie de ideologias, ou melhor, à ausência de uma ideologia própria: é guiada pelos experimentos, pelos contatos que faz. Do ponto de vista teórico, nada é conflitante para a pessoa nuclear. Pode-se, por exemplo, professar a fé cristã e ser defensor do aborto, ou ter identidade política mais voltada para o socialismo e ser um consumidor voraz. A pessoa nuclear não vê incoerência em mesclar posturas contraditórias, desde que satisfaçam seu modo de pensar naquele momento, pois, considerando a desorganização histórica, a transformação ideológica é uma questão de tempo e oportunidade:

> O homem nuclear já não acredita que alguma coisa possa ser válida para sempre e em toda a parte. Vive hora a hora e cria a sua vida repentinamente. [...] Esta ideologia fragmentada pode impedir o homem nuclear de se tornar um fanático disposto a morrer ou a matar por um ideal. Este homem busca, em primeiro lugar, experiências que lhe deem um sentido de valor. É, por conseguinte, muito tolerante, já que não encara outro homem com convicções diferentes como uma ameaça, mas antes como uma oportunidade de descobrir ideias novas e pôr as suas próprias ideias à prova. Pode escutar com maior atenção um rabi, um pastor, um presbítero, sem considerar a aceitação de qualquer forma de pensamento, mas ainda assim desejoso de aprofundar o seu próprio entendimento do que ele sente ser parcial e fragmentário.[20]

c) *Busca de uma nova imortalidade* – esta característica se apresenta como síntese das anteriores, na medida em que externa o pedido de ajuda feito pela pessoa nuclear: sentindo-se prisioneira do momento atual, apesar de

---

18. NOUWEN, H. J. M., O curador ferido, p. 23.
19. NOUWEN, H. J. M., O curador ferido, p. 21.
20. NOUWEN, H. J. M., O curador ferido, p. 26.

estar confortável com a ideia de poder se reinventar a cada nova circunstância, ela busca um sentido ulterior, algo que preencha sua existência para além do momentâneo. Contudo, as formas de imortalidade até então conhecidas não a satisfazem mais:

> Nenhuma forma de imortalidade – nem a imortalidade através dos filhos, nem a imortalidade através das obras, nem a imortalidade através da Natureza, nem a imortalidade no Céu – é capaz de ajudar o homem nuclear a projetar-se para além das limitações da sua existência humana. Portanto, não é de modo algum surpreendente que a pessoa nuclear não seja capaz de encontrar uma expressão adequada para a sua experiência em símbolos como o Inferno, o Purgatório, o Céu, o Além, a Ressurreição, o Paraíso e o Reino de Deus.[21]

Uma análise simples do modo de vida praticado pelas pessoas reflete o que o autor ressaltou: muitos já não querem ter filhos, alegando a falta de condições no presente, mas também a incerteza a respeito do futuro. Em boa parte das pessoas já não há o entusiasmo por uma carreira específica, razão pela qual muitos ficam indecisos sobre que faculdade cursar e facilmente migram de um curso para outro. Há quem não veja no casamento a realização de sua vida, porque não faz sentido viver a fidelidade até a morte. E, no entanto, o *modus vivendi* centrado no presente não é capaz de motivar a pessoa a lutar por algo maior, com mais sentido, pelo qual valha a pena viver e morrer. É como se fosse possível ouvir a pessoa nuclear dizer como o Eclesiastes: "Não há lembrança durável do sábio e nem do insensato, pois nos anos vindouros tudo será esquecido: o sábio morre assim como o insensato" (Ecl 2,16).

Além destas características, podemos enumerar outras:

a) *Individualismo* – se não há referências às quais se apegar, a única atitude coerente é a autorreferencialidade. Quando falamos da ideologia fragmentária, ressaltamos que as experiências feitas em um e outro lugar, uma e outra religião, uma e outra cultura, moldam um jeito *sui generis* de ser e agir, e este passa a ser o seu parâmetro decisório e moral, até que seja modificado. Não se trata de uma postura ingênua, que desconsidera a importância do outro e a relação com ele, mas uma indiferença em relação ao mesmo:

> Segundo o teórico [Bauman], os tempos fluidos implicam ao homem uma individualização, não sendo essa uma escolha. Esse indivíduo é o oposto

---

21. NOUWEN, H. J. M., O curador ferido, p. 29.

do cidadão, seu maior inimigo, quando se mostra indiferente com o bem comum, cético em relação à causa comum, a uma sociedade justa.[22]

b) *Imediatismo* – consequência direta da desorganização histórica, não se confunde com ela por ser seu fruto. Sem o aporte do tempo, fazendo com que a vida aconteça no *hic et nunc*, o ser humano se torna ansioso e imediatista: quer tudo agora. Logo, não sabe esperar, não desenvolveu a paciência, porque não tem perspectiva de futuro. Se tem uma ideia e não a concretiza neste momento, ela passará rapidamente.

A velocidade é tão expressiva que gera desconfiança e imobilismo. Parte dessa ânsia pelo imediato vem do uso constante da internet e da noção de *tempo real*, que eliminou a noção de *tempo a esperar*, bem como da lógica de mercado que, visando o consumo, oferece mais agilidade e maior disponibilidade de tempo para atender às necessidades das pessoas: é a lógica do *fast food*, dos estabelecimentos abertos 24 horas, das cadeias de lojas com grande cobertura geográfica. O imediatismo clama onipotência, onisciência e onipresença.

c) *Busca de respostas* – para o ser humano atual, esperar é angustiar-se. E um de seus objetivos mais claros é certamente fugir da angústia e da dor. Logo, desejando sentir-se preenchido, busca respostas para seus anseios como se fossem produtos. Existe, por isso, uma grande procura por qualquer possível resposta que pretenda sanar dúvidas e anseios, mesmo que sejam incoerentes ou até absurdas. Não existe uma preocupação com a pertinência do conteúdo dessas respostas, desde que aplaquem o sofrimento ou a incerteza, justamente porque não há uma preocupação com o futuro, com o depois. O importante é o agora.

Um reflexo da cultura hodierna é o crescimento da procura pelo *coaching*, porque ajuda a quem deseja alcançar objetivos em curto prazo. No entanto, o *coaching* apresenta um perigo: quem se forma, se não tiver clareza suficiente do seu papel, pode se aventurar por águas desconhecidas e sentir-se capaz de interferir na vida dos outros se utilizando de técnicas e conhecimentos para os quais não possui habilitação, conforme ressalta a nota emitida pelo Conselho Federal de Psicologia,[23] ou pode ainda agregar outros elementos, como os religiosos, e se transformar em *guru*.[24]

---

22. CARVALHO, F.; FRIDERICHS, B., A mídia como meio e como instituição na hipermodernidade e na modernidade líquida, p. 11.
23. CONSELHO FEDERAL DE PSICOLOGIA; APAF, Texto de Esclarecimento sobre a Psicologia do Esporte, Coaching e o Sistema Conselhos.
24. DIAS, F., A farra do *coaching* e as mentiras que te contaram.

Em sentido análogo, a busca por terapias alternativas, modelos espirituais do Oriente ou experiências religiosas mais adaptadas ao contexto atual, notadamente as que aderem ao fenômeno neopentecostal[25] ou a ele se assemelham, tem grande aceitação entre os sedentos de respostas imediatas. Paradoxalmente interessante é o fato de as mesmas pessoas que clamam pelo respeito à sua individualidade e autonomia desejarem ansiosamente por uma resposta de fora, pronta, que seja capaz de saciar sua angústia.

Cremos ser este, resumidamente, o perfil antropológico da atualidade. Por certo, não são as únicas características do ser humano atual, mas estas foram selecionadas por serem as que melhor representam o desafio de acolher e ajudar o ser humano em seu crescente processo de personalização. Dessa forma, é possível dizer que definitivamente o ser humano da atualidade pede ajuda para se compreender e ser capaz de sobreviver em meio ao turbilhão no qual foi inserido e do qual não é capaz de sair pelas próprias forças.

Certamente, a Igreja tem meios de responder a estes anseios, e deve procurar fazê-lo com profundo respeito à humanidade e ao mesmo tempo com espírito profético para sinalizar suas incoerências. Desta forma, o ser humano, apoiado pelo interesse real da Igreja em sua dignidade pessoal, terá condições de assumir sua verdadeira condição: não mais servo de um sistema monopolizador e alienante, mas amigo, de Deus, do outro, do mundo (Jo 15,15). É nesse sentido que propomos uma reflexão sobre o papel da Direção Espiritual como um caminho possível de ajuda ao ser humano contemporâneo.

1.2. A Direção Espiritual: história, método e prática atual

No mundo secularizado em que vivemos, a fé cristã ainda tem algo a dizer? Como é possível anunciar o Evangelho, que sempre chama à comunhão, a pessoas marcadas pelo individualismo? Que resposta é possível dar à busca incessante por caminhos de espiritualidade que acalmem a ansiedade produzida pela ditadura do instantâneo? É possível refazer o caminho do individual para o comunitário?

Segundo a hipótese desta pesquisa, uma resposta coerente a estas perguntas, tão características da atualidade, é a retomada da prática da Direção Espiritual como instrumento eficaz para restabelecer o contato de cada pessoa com Deus. A partir desse contato, sua consciência de membro do Corpo de Cristo, a Igreja, é fortalecida, e a dimensão comunitária da fé é restaurada.

---

25. JÚNIOR, N. S., Igreja líquida: uma leitura da Igreja moderna através do Neopentecostalismo.

Por que a Direção Espiritual pode ajudar nesse processo? Porque, a princípio, ela é a ação pastoral capaz de acolher o ser humano na situação atual (egocêntrico, autorreferencial, ansioso, sedento de espiritualidade) e, por meio de um contato individualizado, ajudá-lo a redescobrir sua vocação primordial, abrindo seus olhos para os irmãos e o mundo ao seu redor, e incentivando-o a reassumir a responsabilidade por gerar comunhão.

O projeto pode ser assim delineado: receber o indivíduo autorreferenciado, ainda que vivendo na coletividade, acolhê-lo em sua individualidade, motivá-lo a se descobrir como um ser de relações e, uma vez consciente disso, e sentindo-se livre, estimulá-lo a ser agente de comunhão. Assim, vamos do indivíduo autorreferencial para a pessoa, da coletividade para a comunhão.

Esse projeto é possível por meio da Direção Espiritual porque esta é fundamentalmente um encontro entre duas pessoas, das quais uma se chama *diretor*, e a outra, *dirigido*. Apesar de não haver a exigência de algum pré-requisito, é necessário compreender seu objetivo, pois o formato material – encontro individualizado com um mestre – pode encantar a muitos, tão sedentos por caminhos de transcendência quanto desejosos de um encontro personalizado. Não há problema em acolher essa pessoa nas condições em que chega. Porém, à medida que o processo se desenrola, ou ela tomará a decisão de continuar a sério a jornada que começou, mesmo que não soubesse exatamente o que estava procurando, ou se desiludirá e deixará o caminho para trás. Em ambos os casos, a decisão deve ser pessoal e livre.

De alguma forma, todo anseio que movimenta o ser humano interiormente é, em última análise, um impulso chamando-o à interioridade. Diz Santo Inácio de Antioquia: "Dentro de mim, há em mim uma água viva, que murmura e diz: 'Vem para o Pai'" (Rm 7,2). Sem clareza desse fato, este mesmo ser humano começa a buscar respostas nas coisas que conhece ou que deseja conhecer, acreditando encontrar nelas a plenitude, a realização do seu ser, quando, na verdade, o único capaz de saciar a sede do seu coração é a Fonte de sua vida, o próprio Deus, como declarou Santo Agostinho: "Fizeste-nos para ti e inquieto está nosso coração, enquanto não repousa em ti".[26]

Sendo ajudada por um mestre diligente, é possível que, apesar da superficialidade ou curiosidade inicial, a pessoa deseje empreender um caminho rumo ao seu próprio coração e ali descobrir a quietude e a serenidade que tanto buscava quando se preenchia com o tumulto do mundo exterior. Por isso, mesmo que seu anseio não seja efetivamente a busca de Deus, essa pessoa deve ser recebida e ajudada a compreender o seu próprio coração, e, a menos que não queira, poderá ser

---

26. Conf. I, 3.

transformada pela ação do Espírito Santo que, de uma forma surpreendentemente nova, a chamou para junto de si.

Esta é a forma de Direção Espiritual praticada por Jesus. Ele é o primeiro mestre espiritual, o mestre por excelência, e, embora aceite e louve que o reconheçam nessa condição (Jo 13,13) e afirme ser o guia dos que o seguem (Mt 23,10), não se posiciona de forma distante ou autoritária em relação a seus discípulos, a quem chama e considera amigos (Jo 15,15). Por meio de seu ministério, com palavras e exemplos, conduz cada um ao encontro pessoal com a vontade do Pai e, consequentemente, à conformação da vida segundo o exemplo que Ele deixou (Jo 13,15). E não só aos discípulos, mas a todos quantos se aproximassem dele, conscientes ou não do algo mais que sua presença comunicava.

Em alguns casos fazia até diferente, sendo Ele a se aproximar da pessoa (cf. Jo 4,5-42). Em outros momentos, tornava-se duro, enérgico, para transformar o olhar de quem se deixou iludir pelo encanto de seus sinais ou pela vantagem de tê-lo próximo, como no discurso sobre o Pão da vida, deixando livres os que não quisessem acolher a Palavra tal como ela precisava ser anunciada (Jo 6).

Contudo, jamais Jesus recusou acolher alguém, reconhecendo inclusive a força da fé de quem, tendo suplicado uma vez, não foi atendido prontamente, como a mulher siro-fenícia (Mc 7,24-30). Em nenhuma situação, disse a quem o procurava como deveria agir sem, antes, ter provocado na pessoa uma resposta que já estava nela mesma. Até quando realizava algum sinal, ressaltava que o benefício conquistado era fruto da fé, ou seja, da força interior da pessoa. Essa força interior, em última instância, longe de ser pelagianismo, é a adesão da pessoa à graça de Deus.

Ao voltar para o Pai, Jesus enviou o Espírito Santo aos apóstolos, fortalecendo-os para serem continuadores da sua missão no mundo. As primeiras comunidades cristãs experimentaram a presença do Ressuscitado e a guia espiritual exercida por Ele mediante a ação do Espírito Santo, que inspira os carismas e reparte as funções (1Cor 12,7). Desde então, é o Espírito Santo o mestre interior de toda a Igreja e de cada fiel em particular.

À medida, porém, que se afastaram da vida comunitária para viverem no deserto,[27] os cristãos sentiram a necessidade de ser ajudados por alguém mais sábio e experimentado, que lhes servisse como guia, na arte de discernir os espíritos[28], pois o silêncio faz com que escutemos com mais atenção as vozes do nosso interior, como diz, de forma alegórica, R. Alves:

---

27. LACARRIÈRE, J., Padres do Deserto, p. 23.
28. MERTON, T., Direção Espiritual e meditação, p. 15.

Desaprendi o silêncio e aprendi o barulho. Acostumei-me e passei a precisar dos seus sons para poder dormir. Depois de algum tempo, é o silêncio que tira o sono. Porque no silêncio, quando não há bichos soltos do lado de fora, os bichos que moram dentro começam a uivar. O bom do barulho da cidade é que ele abafa os barulhos dos bichos da alma.[29]

É no ambiente do deserto que começam a surgir os chamados *apoftegmas*, ou ditos dos Padres do Deserto. Os discípulos acorriam a eles, pediam-lhes alguma palavra de sabedoria,[30] e eventualmente eram convidados a morar com eles e aprender por si próprios, na convivência com o mestre. A vida era austera: praticavam jejuns, rezavam frequentemente e trabalhavam para ganhar o pão com o que lucravam do próprio trabalho.[31] Viviam na maior parte do tempo em silêncio e, por isso mesmo, não faltavam oportunidades para ouvir as vozes interiores, perceber os pensamentos que lhes vinham à mente e as tentações que lhes assaltavam. Com muito sacrifício e com o passar do tempo, estes homens tornavam-se peritos em humanidade, adquirindo a chamada *cardiognose*, o conhecimento do coração.[32]

Assim, embora continuassem pecadores, podiam tornar-se mestres de outros, não em teorias ou em especulações teológicas, mas no conhecimento de si mesmos e das próprias paixões. Seus ensinamentos, normalmente, são breves sentenças contendo imagens práticas do cotidiano, porque experimentadas na concretude da vida.

A esses homens santos, chamados de *abbas* (recordando que não havia apenas Padres, mas também Madres do Deserto, as *ammas*),[33] acorriam vários discípulos, mas eram por eles instruídos separadamente, porque a base da formação espiritual era a revelação dos pensamentos e sentimentos ao pai. Portanto, não existia formação genérica, mas sim personalizada. Assim, compreendemos que a Direção Espiritual, como prática espiritual e pastoral, nasceu no seio monástico,[34] não estando ligada à hierarquia, mas era uma atividade puramente carismática.[35]

---

29. ALVES, R., O sapo que queria ser príncipe, p. 16.
30. BETTENCOURT, E. T. (Org.)., Apoftegmas, p. 6.
31. GRÜN, A., O céu começa em você, p. 36.
32. GRÜN, A., A Orientação Espiritual dos Padres do Deserto, p. 17.
33. "Dependendo do contexto, o Cristo pode ser designado tanto de pai como de mãe. [...] E assim, no monacato não há apenas pais espirituais, mas também mães espirituais, as assim chamadas *ammas*. Sua maternidade imita o Cristo como nossa mãe". (GRÜN, A., A Orientação Espiritual dos Padres do Deserto, p. 14).
34. MERTON, T., Direção Espiritual e meditação, p. 15.
35. MERTON, T., Direção Espiritual e meditação, p. 17.

Com o passar do tempo, surgiu um novo modelo de vida monástica, chamado de cenobitismo (de *koinos-bios*, vida comum).[36] Os monges já não viviam isolados, mas agrupados em comunidades monásticas. Embora se mantivessem as práticas anteriores, ao gênero de vida foi agregada a convivência fraterna, com suas vantagens e desvantagens. A direção exclusiva do pai já não era suficiente para reger uma comunidade que habitava no mesmo espaço. Nesse contexto surgem as chamadas Regras monásticas, cujo objetivo era sintetizar a forma de vida praticada pelos monges. Em geral, as *Regulae* são mais um tratado espiritual que um diretório prático. Contudo, partindo da moção espiritual implicada no gênero de vida, estabeleciam-se normas de conduta, cujos grandes compiladores são Pacômio,[37] conhecido como o precursor do monaquismo cenobítico, e Basílio, o patriarca dos monges orientais.[38]

Com o surgimento das *Regulae*, tem início um fenômeno novo: elas passam a ser, de certa forma, o guia da comunidade. Em São Bento, o grande sistematizador do monaquismo ocidental, a comunidade tem no Abade o diretor espiritual por excelência, pois "faz as vezes do Cristo":[39]

> Como o abade desempenha sua função de "ser pai" dos irmãos? Ser "pai" é gerar e alimentar a vida, e é precisamente isso que constitui a responsabilidade do abade. Precisa gerar e cultivar a vida espiritual em absolutamente todos os seus filhos. [...] É um canal vivo da vida de Jesus Cristo, perpetuamente aberto à sabedoria, graça e inspiração do Espírito Santo.[40]

Com a exigência de que o superior das comunidades recebesse o sacramento da Ordem – que se tornou o sinal da autoridade sagrada de que se revestia – e com a gradual clericalização dos mosteiros, a Direção Espiritual foi pouco a pouco mesclada e em parte suprimida pela Confissão Sacramental.[41] Naturalmente, a esta altura a Direção Espiritual já estava distante da vida dos leigos, sendo atividade exclusiva para os monges, únicos que passaram a ter acesso à Direção Espiritual.

Embora tendo inúmeros acentos, vamos destacar apenas algumas características da Direção Espiritual na Idade Média: tendo sido o tempo da institucionalização da vida monástica, o abade, cuja missão até então tinha cunho espiritual,

---

36. AQUINO, F. R. Q., História da Igreja, p. 323.
37. AQUINO, F. R. Q., História da Igreja, p. 322; FILORAMO, G. (Ed.). Storia della Direzione Spirituale, v. 1, p. 265.
38. AQUINO, F. R. Q., História da Igreja, p. 323; SOLIMEO, P. M., São Basílio Magno.
39. RB 2,2.
40. BONOWITZ, B., Buscando verdadeiramente a Deus, p. 80.
41. GRÜN, A., Perdoa a ti mesmo, p. 99; FILORAMO, G. Storia della Direzione Spirituale, v. 1, p. 24.

passou também a ter cunho jurídico, passando a ser pai em sentido lato. Dessa forma, não podia mais exercer com tanto afinco a paternidade espiritual.

Por esse motivo, a Direção Espiritual propriamente dita passou a ser exercida por aqueles que eram associados ao abade na missão de conduzir a comunidade monástica, considerados "aptos a obter o progresso das almas e que se dediquem a ele com todo o interesse".[42] Assim, o comando (*imperium*) exercido pelos mestres sobre os seus discípulos foi resguardado do cunho jurídico, consistindo em uma prerrogativa da qualidade de seu exercício na virtude mediante o discernimento dos espíritos: "O acento bate inequivocamente sobre uma teoria e uma prática da Direção Espiritual substancialmente autônoma ou ao menos não vinculada ao poder institucional e normativo".[43]

Foi também durante a Idade Média que a Direção Espiritual passou a ser praticada com métodos diferentes. Exemplo desses métodos é o florescimento das experiências místicas, que, por sua vez, destacam grandemente a importância da maternidade espiritual, surgindo delas um gênero de Direção Espiritual epistolar, em diferentes ramos da Vida Religiosa, dos quais destacamos as principais famílias: entre as beneditinas, Hildegarda de Bingen e Gertrudes de Helfta; entre as franciscanas, Clara de Assis; entre as dominicanas, Catarina de Sena, bem como outras.[44] Em todos os ramos, são constantes tanto a experiência mística como a correspondência com príncipes, bispos, papas, sacerdotes, religiosos, religiosas e leigos, admoestando-os a viverem em plenitude sua vocação cristã.

Com o surgimento das Ordens mendicantes, instaura-se outro tipo de Direção Espiritual, mais próximo da vida secular. Isso se deveu ao fato de a Vida Religiosa ter adquirido caráter apostólico, missionário, inserindo-se no cotidiano dos fiéis. Em Francisco de Assis,

> a Direção Espiritual assume um acento peculiar enquanto não circunscrita a um aspecto específico da sua vida e a formas de relação espiritual com quantos quiseram segui-lo, mas ele "investe toda a parábola de seu desafio pessoal, envolvendo as características essenciais de sua interpretação do cristianismo".[45]

Já entre os dominicanos, a Direção Espiritual assume um caráter mais globalizante, de cunho catequético, voltado para a pregação:

---

42. RB 58,6.
43. FILORAMO, G. (Ed.). Storia della Direzione Spirituale, v. 2, p. 17.
44. FILORAMO, G. (Ed.). Storia della Direzione Spirituale, v. 2, p. 38.
45. FILORAMO, G. (Ed.). Storia della Direzione Spirituale, v. 2, p. 27.

Quanto à Ordem dos Pregadores, a Direção Espiritual assumiu, desde o fundador, uma dimensão institucional e, portanto, uma fisionomia mais clara, com extraordinária dedicação à pregação e aos tratados para pregadores e confessores, e acima de tudo com a produção de novos instrumentos em vernáculo, desde textos bíblicos e hagiográficos até tratados místico-ascéticos, capazes de propor a mensagem espiritual em formas adequadas com uma atualização geral das linguagens e técnicas narrativas, destinadas também a um público em grande parte formado por leigos, uma expressão da sociedade urbana, ora indivíduos isolados, ora unidos em irmandades de devoção e assistência.[46]

Na Idade Moderna, encontramos uma vasta gama de situações complexas dentro e fora do ambiente eclesial: a tensão entre o Absolutismo e a formação dos Estados nacionais e os decorrentes conflitos com a Igreja, o Renascimento Cultural, a Reforma Protestante, a Contrarreforma e suas implicações, a reforma interna das antigas Congregações Religiosas (retorno às fontes) e a formação de novas, a tensão entre experiências místicas e teologia especulativa e a *devotio moderna*. Estes e outros episódios tecem o pano de fundo histórico no qual vamos olhar para os desdobramentos sobre a Direção Espiritual, destacando os seus pontos mais fundamentais.

Entre as mudanças consideráveis no conceito de Direção Espiritual figura, certamente, em primeiro lugar, a contribuição de Inácio de Loyola.[47] Sua experiência e conversão legaram à Igreja o método de discernimento dos espíritos formulado e difundido pela Companhia de Jesus na pregação dos Exercícios Espirituais. Não se trata de conteúdo novo, mas da transmissão do tesouro perene sob nova forma, que instaurou um novo jeito de dirigir espiritualmente quem realizasse os Exercícios. O guia espiritual era quem apresentava os Exercícios, e a ênfase era especialmente sobre os sentimentos e moções (divididas basicamente entre consolações e desolações), pois, segundo ele, "não é o muito saber que sacia e satisfaz a alma, mas o sentir e gostar as coisas internamente".[48] Eis a regra de ouro, chamada pelo próprio Inácio de "princípio e fundamento" tanto de seus Exercícios Espirituais como do discernimento dos espíritos em geral:

> O homem é criado para louvar, prestar reverência e servir a Deus nosso Senhor e, mediante isto, salvar a sua alma; e as outras coisas sobre a face da

---

46. FILORAMO, G. (Ed.). Storia della Direzione Spirituale, v. 2, p. 28.
47. FILORAMO, G. (Ed.). Storia della Direzione Spirituale, v. 3, p. 28.
48. EE 2,4.

terra são criadas para o homem, para que o ajudem a conseguir o fim para que é criado. Donde se segue que o homem tanto há de usar delas quanto o ajudam para o seu fim, e tanto deve deixar-se delas, quanto disso o impedem. Pelo que é necessário fazer-nos indiferentes a todas as coisas criadas, em tudo o que é concedido à liberdade do nosso livre-arbítrio, e não lhe está proibido; de tal maneira que, da nossa parte, não queiramos mais saúde que doença, riqueza que pobreza, honra que desonra, vida longa que vida curta, e consequentemente em tudo o mais; mas somente desejemos e escolhamos o que mais nos conduz para o fim para que somos criados.[49]

Outro expoente da renovação espiritual moderna é Teresa de Ávila e a reforma que empreendeu no Carmelo. A experiência mística que teve é comunicada pelos seus escritos e no modo de conduzir a Congregação Descalça, não sem cuidado e zelo na forma como as monjas viveram, ao mesmo tempo em que estabelece normas que salvaguardem a santidade de vida e o ritmo de oração das irmãs:

> A seriedade com que Teresa considerava a função das amizades espirituais reflete-se nos artigos sobre a clausura contidos nas Constituições que ela elaborou para a reforma por volta de 1567. As monjas tinham que usar véus e conversar com seus visitantes por trás de uma cortina. Uma irmã acompanhante tinha que estar presente durante todo o tempo e, se a conversa não fosse espiritualmente proveitosa, tinha que ser concluída prontamente "porque é muito importante que aqueles que visitam tenham algum ganho e não com perda de tempo, e que permaneça [também] em nós [esse ganho]".[50]

Por outro lado, segundo Teresa, o diretor espiritual é importantíssimo no papel do discernimento dos espíritos, razão pela qual é bastante criteriosa em seus comentários sobre o bom diretor:

> Outro guia, quero dizer, algum confessor que me entendesse, não achei, embora procurasse durante quase vinte anos. Isto contribuiu para me prejudicar e fazer retroceder muitas vezes. Poderia ter sido causa de minha total ruína. Se tivesse confessor, ajudar-me-ia a sair das ocasiões em que estive de ofender a Deus.[51]

No Livro da Vida, Teresa recomenda que se escolha um diretor espiritual que seja prudente e tenha experiência de oração:

---

49. EE 23.
50. FILORAMO, G. (Ed.). Storia della Direzione Spirituale, v. 3, p. 299.
51. V 4,7.

Se ele é douto, tanto melhor. Se não é possível encontrar um confessor que combina essas três qualidades, as duas primeiras qualidades – prudência e experiência – devem ser consideradas as mais importantes, porque mais tarde, se necessário, pode-se chamar um letrado.[52]

Ainda merece destaque o Bispo Afonso Maria de Ligório, grande teólogo moral. Ele aproximou a Direção Espiritual dos fiéis por meio da Confissão Sacramental. Segundo seu ensinamento, os papéis do diretor e do confessor se fundem, de tal forma que é necessário que o confessor tenha uma sólida formação espiritual e moral para guiar retamente os fiéis. Para guiar as almas,

> o protagonista dos seus pensamentos [de Afonso] é o confessor, cujo papel deve ser requalificado seja no que diz respeito à instrução, seja no que diz respeito às competências. É, portanto, a este confessor instruído que se deve confiar a guia das almas: ele unirá à confissão sacramental uma exortação para cultivar as virtudes e praticar a oração mental. [...] Esta institucionalização da Direção Espiritual não é acompanhada, em Afonso, pela recusa à mística. [...] A Direção Espiritual, indicada como santa obediência, é agora considerada a "via ordinária e segura" para "verificar a vontade de Deus". Mas as revelações divinas continuam a reivindicar sua autonomia e a repropor sua criatividade.[53]

Essa fusão de confessor e diretor espiritual, no entanto, gerou problemas, sobretudo quando a mesma direção era confiada aos superiores das comunidades religiosas. Por isso, o Papa Leão XIII aprovou em 1890 o decreto *Quemadmodum*, ab-rogando tal disposição nas mesmas comunidades religiosas.[54] O Código de Direito Canônico de 1917, no cânon 530,[55] reproduziu tal decreto, separando de modo definitivo foro interno e foro externo:

> §1. Todos os Superiores religiosos estão estritamente proibidos de induzir seus súditos, por quaisquer meios, a que se lhe manifestem a consciência.
> §2. Contudo, os súditos não estão proibidos de livremente abrir sua alma aos Superiores, caso desejem; na verdade, é desejável que se aproximem deles com confiança filial, e, se tais forem sacerdotes, também lhes exponham as dúvidas e ansiedades que se apresentam em suas consciências.[56]

---

52. FILORAMO, G. (Ed.). Storia della Direzione Spirituale, v. 3, p. 306.
53. FILORAMO, G. (Ed.). Storia della Direzione Spirituale, v. 3, p. 52.
54. LEÃO XIII, PP., Decreto *Quemadmodum*.
55. No texto de G. Filoramo há uma imprecisão, ao menos gráfica: cita o cân. 330 em vez do cân. 530 (FILORAMO, G. (Ed.). Storia della Direzione Spirituale, v. 1, p. 34).
56. CIC 1917, cân. 530. Esta mesma disposição se encontra no atual Código (CIC 1983, cân. 630).

Atualmente, a Direção Espiritual passa por uma crise, que pode ser expressa sob vários aspectos: a) a palavra *direção* inspira uma rigidez que não se coaduna com o modelo antropológico contemporâneo; b) ainda que substituído o termo por *paternidade espiritual*, estabelece-se a crise de paternidade; c) ela supõe, ainda que erroneamente, perda da liberdade pessoal; d) o avanço das teorias psicológicas alimentou a esperança de solucionar problemas de ordem pessoal a partir de si mesmo, sem o concurso divino na história, para não haver interferência na liberdade.

Segundo G. Filoramo, a Direção Espiritual contemporânea se desdobra em cinco modalidades: a) a Direção Espiritual propriamente dita dos seminaristas e religiosos; b) a formação permanente dos presbíteros; c) a formação dos leigos na vida espiritual (palestras, retiros, etc.); d) a pastoral do Sacramento da Penitência; e) a Pastoral Vocacional.[57]

Não obstante as dificuldades apresentadas, vemos florescer, na atualidade, um grande desejo de encontrar-se em Deus, descobrindo sua vontade. Para responder a este anseio, vem sendo recuperada a formação de Orientadores Espirituais, tanto por meio de cursos de especialização como pelo desenvolvimento da Pastoral da Escuta, uma forma de engajar os leigos no exercício do carisma da Direção Espiritual:

> Parece óbvio dizer, mas o objetivo primordial da Pastoral da Escuta é escutar. Escutar pessoas que buscam alguém para ouvi-las com atenção e respeito nos momentos de aflição, sofrimento emocional e existencial, ou em qualquer outro momento que ela esteja vivendo e que necessite de desabafo ou de partilhar com alguém a situação vivida. Além desse objetivo básico geral, a Pastoral da Escuta tem também objetivos específicos, como, por exemplo, estabelecer uma relação de ajuda à pessoa que busca essa pastoral, proporcionando uma acolhida empática e ouvindo-a sem preconceito nem julgamento.[58]

Além disso, cresceu a procura das pessoas por retiros espirituais em mosteiros beneditinos ou ainda os Exercícios Espirituais inacianos, nas suas mais variadas formas, capazes de atender às necessidades dos homens e mulheres de hoje. Resumindo, podemos dizer que onde há desafios, há também oportunidades. Eles são o caminho utilizado pelo Espírito Santo para nos provocar a refletir sobre o que podemos fazer para atender a tantos irmãos e irmãs que clamam por ajuda.

---

57. FILORAMO, G. (Ed.). Storia della Direzione Spirituale, v. 1, p. 35.
58. PEREIRA, J. C., Pastoral da Escuta, p. 18.

1.3. Questionamentos possíveis

Considerando a trajetória que fizemos, é natural que surjam questionamentos ao apresentarmos este modelo de ação pastoral para os nossos tempos. Entre esses, destacam-se:

1. Quem precisa ter um diretor espiritual?
2. É obrigatório que todo cristão tenha um diretor espiritual?
3. Não é melhor que o diretor espiritual seja um padre, por conta do sigilo a respeito do que for conversado?
4. Todo padre pode ser diretor espiritual?
5. Faço terapia. Nesse caso, preciso de Direção Espiritual?
6. Quero entender melhor sobre questões religiosas. Posso ter um diretor espiritual?
7. Quero ser diretor espiritual. O que eu tenho que fazer?
8. Preciso tomar uma decisão séria na minha vida. Devo procurar conselho ou Direção Espiritual?
9. E se eu não concordar com o que o diretor espiritual me disser?
10. Sou padre ou religioso(a) de votos solenes. Preciso ainda de Direção Espiritual?
11. Por que a Direção Espiritual é obrigatória em seminários e casas de formação para a Vida Religiosa?
12. O que difere a Confissão da Direção Espiritual? Posso fazer as duas coisas juntas?
13. Como faço para escolher um diretor espiritual?
14. Existe alta da Direção Espiritual, à semelhança do que acontece nos tratamentos médicos?
15. O que fazer quando o diretor não me diz que rumo tomar?
16. Onde pode se realizar uma sessão de Direção Espiritual?
17. Qual é a duração de uma sessão de Direção Espiritual?
18. Já faz um tempo que eu não faço Direção Espiritual. Como me reaproximar do meu diretor? E se ele me repreender?
19. Posso trocar de diretor espiritual, caso eu não me identifique com o meu?
20. Como saber se preciso de um diretor espiritual ou de um terapeuta?
21. Como distinguir matéria de Confissão de assunto para Direção Espiritual?

Estes são apenas exemplos de possíveis questões que o tema pode gerar em quem tome contato com ele pela primeira vez. No quarto capítulo, tentaremos, na medida do possível, sanar as principais dúvidas a seu respeito, a fim de perceber como a Direção Espiritual pode ser uma grande ajuda aos cristãos de nosso tempo a encontrar a vontade de Deus, reconhecendo-se como seres amados por Ele, e criados para viver em comunhão com Ele, com os irmãos e toda a criação.

Capítulo 2 | O ser humano é pessoa

Ao analisar a questão acerca do ser humano na atualidade e da natureza e prática da Direção Espiritual, situamos o problema ao qual nos propomos responder. Agora, consideraremos como respondê-lo. Sendo uma prática que acolhe o indivíduo e tem o objetivo de ajudá-lo no processo de descoberta da vontade de Deus, e sendo o sentido cristão de salvação a vida em comunhão, precisamos agora descobrir como ajudar o ser humano a superar as características que lhe foram impingidas pelas circunstâncias temporais. Desta forma, o ser humano, a princípio marcado pelo individualismo, poderá assumir o projeto de vida desejado por Deus ao criá-lo. O caminho mais coerente é ajudá-lo a reconhecer-se como pessoa.

Buscaremos, portanto, neste capítulo, apresentar, em primeiro lugar, o modo como a Revelação Bíblica compreende o ser humano. A seguir, exporemos o núcleo da compreensão cristã sobre o conceito de *pessoa* e as implicações do mesmo conceito na reflexão teológica, procurando responder a um dos seus maiores desafios, o dualismo antropológico. E, finalmente, abordaremos visões sobre o conceito de pessoa presentes em ciências paralelas e afins à teologia.

2.1. O ser humano na Revelação Bíblica

Todas as culturas antigas possuem, em seus textos, uma cosmogonia, cujo objetivo é estabelecer o ponto inicial da história do cosmos e do ser humano. Independentemente do valor religioso destes textos, precisamos reconhecer-lhes, de início, o valor filosófico. Ciente de que existe no mundo, e ignorando como surgiu e qual a finalidade de sua vida, o ser humano, definido como animal racional, procurou responder a esses questionamentos fundamentais. De acordo com a cultura praticada, surgiram as respostas para esses questionamentos. Em nossa pesquisa, portanto, traremos a lume as respostas surgidas em ambiente judaico-cristão, cuja referência textual é a Bíblia.

O conjunto dos livros bíblicos contém a história do povo de Israel e do seu desdobramento na Igreja, o novo Israel, pois tanto judeus como cristãos se percebem como o povo eleito por Deus, objeto do seu amor, para manifestar ao mundo a salvação. A Bíblia não tem a pretensão de ser um tratado filosófico nem teológico em sentido estrito, mas não deixa de sê-lo enquanto lança as bases para o pensamento e a fé das religiões que a tomam como Revelação Divina. Assim, encontramos nela a resposta para a pergunta antropológica fundamental "Que é o homem?" (Sl 8,4). Tal pergunta corresponde a um anseio fundamental do ser humano: conhecer-se.

Por conseguinte, é importante recordar que não há uma preocupação bíblica em escrever um Tratado de Antropologia Teológica.[59] O que podemos fazer é extrair alguns textos que, no conjunto da *Teo-logia*, nos explicitam qual seja o lugar do ser humano no plano divino da salvação, pois, como diz A. G. Rubio,

> na Sagrada Escritura, Deus não é focalizado em si mesmo, mas sempre na sua relação *com os seres humanos*, de maneira eminentemente dialógica. Assim, porque a intenção bíblica é prioritariamente teocêntrica, justamente por isso, também é radicalmente antropocêntrica.[60]

A seguir, enumeraremos algumas características antropológicas básicas, extraídas da Revelação Bíblica. A partir delas, podemos entender melhor o projeto religioso que se constrói e estabelece.

a) A primeira característica que emerge da narrativa bíblica afirma que o ser humano é, antes de tudo, *criatura* (Gn 1,27; 2,7).[61] Desta simples afirmação podemos concluir: 1) se foi criado, não pode ter feito a si mesmo; é, portanto, obra de outro ser; 2) se foi criado por outro, existem minimamente dois seres, o criado e o criador; 3) sua vida não tem fim em si mesma, posto que não tem subsistência própria; 4) ainda que não houvesse nenhum outro vínculo, o simples fato de ter sido criado por outro já o coloca em relação, ao menos quanto à natureza, com outro ser, o criador. Sendo texto religioso, a Bíblia apresenta quem é o Criador e a origem do ser humano – Deus – e o modo como o mesmo ser humano foi criado – à sua imagem e semelhança. A implicação disso é que há no seu ser traços do Criador, aos quais não poderá renunciar: o ser humano saiu das mãos de Deus e a Ele está ligado substancialmente.

---

59. "O Antigo Testamento, no seu conjunto, não está preocupado com o homem considerado em si mesmo. O que realmente interessa é a relação de Deus com o homem concreto, situado historicamente" (RUBIO, A. G., Unidade na pluralidade, p. 93). O mesmo se pode dizer do Novo Testamento.

60. RUBIO, A. G., Unidade na pluralidade, p. 93.

61. CEC 355-356.

Existem dois textos, no livro do Gênesis, que narram a criação do ser humano: na primeira narrativa, explicita-se o fato antropológico fundamental da Revelação Bíblica, ou seja, o homem foi criado por Deus à sua imagem e semelhança. Já na segunda, pode-se dizer, está expressa a compreensão de como se realizou esta criação, ou melhor, da sua composição ontológica: "Então Iahweh Deus modelou o homem com a <u>argila do solo,</u> insuflou em suas narinas um <u>hálito de vida</u> e o homem se tornou um ser vivente" (Gn 2,7). Como nosso objetivo não é, neste ponto, descer a detalhes sobre a constituição do ser humano, destacamos apenas a dúplice apresentação bíblica sobre sua identidade: a Bíblia não só afirma que ele foi criado por Deus, mas também os elementos que compõem sua natureza.

b) Da afirmação de sua criaturalidade, podemos inferir também que este ser humano é *pessoa*,[62] que significa ser de relações.[63] O relato de Gn 1 coloca o ser humano como o último a ser criado por Deus, e ao mesmo tempo, lhe dá o *status* de ápice da criação, quando Deus lhe confia tudo que criou. Os próprios verbos utilizados na narrativa demonstram que o ser humano foi constituído por Deus como senhor da criação, à medida que estabelece com ela uma relação semelhante à que o próprio Deus tem com as suas criaturas.

Já no relato de Gn 2 esta relação senhorial aparece na afirmação de que foi o ser humano que nomeou todos os animais (Gn 2,19s.), e até mesmo sua companheira (Gn 2,23). Ora, se para o judaísmo o nome carrega a identidade, dar nome significa reconhecer a alteridade e sua dignidade inerente.[64] Portanto, o testemunho do Gênesis é que o ser humano não é apenas criatura em sentido individual, ele o é também na relação com todas as demais obras de Deus. E, ainda que se enfatize o senhorio do mesmo em relação ao conjunto da criação (Gn 1,28s.; Sl 8,7), não é possível ser fiel à tradição judaico-cristã sem afirmar a necessária relação entre o ser humano e todo o universo criado.

c) Os relatos do Gênesis ainda destacam as palavras *imagem* e *semelhança*[65] como causas formais do ser humano. Existem inúmeras interpretações para o sentido desta expressão de Gn 1,26, e o mais aceito por todas elas está ligado à especificidade do ser humano na obra da criação.[66] Todas as espécies têm um diferencial, mas o ser humano merece relevo: ele é a criatura mais aproximada do

---

62. CEC 357.

63. "Pessoa só existe em correlação com outras pessoas. O conceito de pessoa é dinâmico, pois já nascemos como pessoa e durante toda a vida nos tornamos pessoa. [...] A pessoa se forma no encontro com outras pessoas" (ZILLES, U., Antropologia Teológica, p. 110).

64. "O nome exprime a essência, a identidade da pessoa e o sentido de sua vida" (CEC 203).

65. CEC 1700.

66. CEC 355.

Criador; é, em última instância, seu representante, ao estabelecer ordem (nomear, dominar, fazer uso). Entre as leituras sobre esta expressão, merece destaque a leitura espiritual de Diádoco de Foticeia:

> Assim como os pintores traçam primeiro em uma só cor a forma do homem de quem estão fazendo um retrato, para depois, fazendo florescer cor sobre cor, representar até o aspecto dos fios dos cabelos do modelo que estão pintando, também a santa graça de Deus, pelo batismo, concede primeiro a imagem segundo a qual foi de início criado o homem, para só então, vendo-nos desejar com toda nossa resolução a beleza da semelhança e permanecermos nus e calmos enquanto ela trabalha, fazendo florescer virtude sobre virtude e reproduzindo de glória em glória o aspecto da alma, conferir-lhe a marca da semelhança.[67]

d) Este mesmo ser humano foi criado *livre* e *responsável*[68] pelas próprias ações. Embora chamado a responder a Deus por natureza, tem em si a possibilidade de se distanciar dele, vivendo segundo seu próprio arbítrio. Gn 3 nos relata a desobediência à ordem de Deus, e as consequências de tal postura. Foi pela própria vontade que o ser humano contrariou o plano do Criador, escolhendo afastar-se dele.

A partir desse ponto a Revelação Bíblica passa a descrever o drama da relação entre Deus e o ser humano: em sua iniciativa salvadora, Deus sempre convida o homem a retornar a si, para conceder-lhe a felicidade e a plenitude. O ser humano, porém, uma vez quebrada a aliança, e consciente de sua capacidade de escolher, luta consigo mesmo entre o desejo de viver segundo as próprias convicções e o apelo interior a voltar ao seu Criador, seguindo seus preceitos e restabelecendo a harmonia para a qual foi criado. Essa tensão fundamenta e sintetiza a história da salvação.

e) O Novo Testamento lança novas luzes sobre a concepção de homem, a começar pela *Encarnação do Verbo*.[69] Jesus, o "Verbo que se fez carne" (Jo 1,14), é "imagem do Deus invisível" (Cl 1,15), pois "nele habita corporalmente toda a plenitude da divindade" (Cl 2,9). Ele mesmo afirma: "Quem me vê, vê o Pai" (Jo 14,9), e ainda "Eu e o Pai somos um" (Jo 10,30). A missão vivida por Jesus revelou a radicalidade do amor de Deus por cada ser humano, de tal modo que nos deu seu próprio Filho (Jo 3,16), e tornou-nos seus filhos (Gl 4,4-5). Pelo mistério

---

67. Apud KEHL, L. A. B., O caminho da oração, p. 12.

68. CEC 1731-1738.

69. CEC 359.

da Paixão, Morte e Ressurreição de Jesus, o ser humano foi elevado à categoria de sacramento de Cristo, foi tornado templo de Deus (1Cor 3,17): "Assim como trouxemos a imagem do homem terrestre, assim também traremos a imagem do homem celeste" (1Cor 15,49).

f) A partir desta nova concepção de ser humano, fundada na Encarnação do Verbo, o Apóstolo Paulo tece, na Carta aos Romanos, uma analogia entre Adão e Cristo (Rm 5,12-21), na qual afirma que Adão é, na verdade, "figura daquele que devia vir" (Rm 5,14). Assim, *Jesus* se torna o *modelo de ser humano por excelência*.[70] Tendo pervertido a ordem desejada por Deus, o ser humano perdeu sua dignidade, que foi restabelecida por Cristo, do qual nos tornamos imagem. Logo, o ser humano se torna verdadeiramente o que é na medida em que se configura a Cristo: "Já não sou eu que vivo, mas é Cristo que vive em mim. Minha vida presente na carne, vivo-a pela fé no Filho de Deus, que me amou e se entregou a si mesmo por mim" (Gl 2,20).

g) A partir da analogia Adão-Cristo, desenvolve-se a parênese neotestamentária: o ser humano, configurado a Cristo, novo Adão, pelo Batismo, é chamado a viver a vida nova, revestindo-se do "homem novo" (Ef 4,24; Cl 3,10). Esta vida nova implica uma *nova postura moral*,[71] tanto individual quanto comunitária, para realizar, dessa forma, em sua vida, o que Cristo fez e ensinou. Esta é a condição para se tornar participante da Cidade santa, a nova Jerusalém (Ap 21,10), na qual Deus habitará com os homens (Ap 21,3).

Em linhas gerais, esses são os traços da antropologia bíblica. Neles já reconhecemos os fundamentos sobre os quais se construiu o Tratado da Antropologia Teológica. Do que vimos até agora, na Bíblia, o ser humano é aquele que vive na tensão entre a liberdade e a autonomia, por um lado, e a obediência a Deus entendida como percepção da alteridade, por outro. Torna-se importante para nós compreender as características antropológicas fundamentais porque elas nortearão a compreensão de como a Direção Espiritual pode ajudar o ser humano autorreferencial da atualidade a transcender-se, para alcançar sua verdadeira essência, ou seja, tornar-se pessoa.

2.2. O conceito cristão de pessoa

Neste ponto de nossa reflexão cabe nos perguntarmos: qual a definição de ser humano utilizada pela teologia em sua reflexão? A resposta mais acertada,

---

70. CEC 520.

71. CEC 1694.

sem dúvida, é a de que o ser humano é pessoa.[72] Podemos afirmar que esta conceituação do ser humano como pessoa é novidade instaurada pelo Cristianismo.[73] Dessa forma, podemos dizer que as outras ciências sorveram do cristianismo as bases conceituais para suas respectivas formulações.

2.2.1. Na Antropologia Teológica

Partindo da síntese antropológica bíblica, compreendemos que, por *pessoa*, não nos referimos apenas à definição clássica de Boécio, que, segundo Zilles, pode ser traduzida como "substância individual de natureza racional",[74] pois, embora essa definição assegure tanto o caráter individual como o racional do ser humano:

> não considera todos os fios que tecem a consciência nas suas relações com as coisas e com as outras pessoas, nem dá o valor devido à liberdade e à decisão do homem em suas opções na construção de si mesmo, nem investiga a socialidade essencial à pessoa.[75]

Posteriormente a definição de Boécio será corrigida e complementada:

> Ricardo de São Vítor (séc. XII) corrige-a da seguinte maneira: pessoa é *naturae intellectualis incomunicabilis existentia* (existência incomunicável de uma natureza intelectual). A pessoa é impermutável, completamente única, e isto precisamente porque ela é *ek-sistência* (existe a partir de outro e na relação com ele). Nesta mesma perspectiva relacional da pessoa se colocará posteriormente Duns Scoto. Dado que para este o ser é compreendido como relação transcendental, a pessoa será definida como *relação com Deus*.[76]

O ser humano é, antes de tudo, imagem de Deus, porque foi criado para a comunhão,[77] assim como Deus é comunhão de Pessoas em si mesmo. Esta abertura para o Outro e os outros, que é a finalidade da criação; está atestada, por

---

72. "A realidade do homem como ser pessoal constitui o melhor resumo da compreensão cristã do ser humano" (RUBIO, A. G., Unidade na pluralidade, p. 245).
73. RUBIO, A. G., Unidade na pluralidade, p. 246.
74. ZILLES, U., Antropologia Teológica, p. 108.
75. ZILLES, U., Antropologia Teológica, p. 108.
76. RUBIO, A. G., Unidade na pluralidade, p. 248.
77. "Dizer que o homem foi criado à 'imagem e semelhança de Deus' significa existir uma proximidade entre Deus e o homem a qual implica determinado papel ou função do homem. [...] A imagem de Deus não se deve buscar em algum aspecto exterior, mas em sua estrutura de criatura que pode representar Deus no mundo criado. Deus escolhe o homem para estabelecer com ele uma relação pessoal (Gn 1,28-30). Essa semelhança com Deus é patrimônio de todos os homens (Gn 1,27), fundamento da igualdade de todos os seres humanos diante de Deus" (ZILLES, U., Antropologia Teológica, p. 167).

exemplo, tanto no Antigo Testamento, quando Deus afirma: "Não é bom que o homem esteja só" (Gn 2,18), como no Novo Testamento, quando Jesus responde sobre o maior mandamento da Lei, que se resume em amar a Deus e ao próximo (Mt 22,37-40).

Que significa, então, ser pessoa? Diz-nos U. Zilles:

> Quando hoje usamos a palavra *pessoa*, entendemos o sujeito que tem consciência de si mesmo, afirma a si mesmo e se determina livremente a si mesmo. Portanto, pessoa é o ente capaz de consciência e determinação de si mesmo. [...] Enquanto pessoa, o homem não se reduz a uma situação individualista ou a um isolamento subjetivista, mas é um ser relacional com a comunidade. Encontra-se inserido, como membro, em comunidade.[78]

Portanto, é fundamental que enumeremos as dimensões fundamentais da pessoa, posto que são elas que a qualificam como tal e fundamentam seu modo de existir (*ek-sistentia*) no mundo. Sob este aspecto nos debruçaremos sobre a descrição sistemática elaborada por A. G. Rubio. Segundo o autor em questão, existem duas dimensões fundamentais da pessoa, a imanência e a transcendência. Estas, por sua vez, se dividem em subcategorias. A imanência diz respeito à posse de si mesmo, à relação da pessoa consigo mesma. Caracterizam a imanência os seguintes aspectos:

a) *Autopossessão:* está relacionada à autoconsciência. A pessoa sabe que existe, tem consciência de si mesma, tem autonomia sobre si mesma. É senhora de seus pensamentos e suas vontades. É capaz de separar-se dos demais, no sentido de que se sabe única e insubstituível. Sua existência é um dom irrepetível. Como consequência, não é nem deve ser propriedade de ninguém.

b) *Liberdade e responsabilidade:* por conhecer-se como autônoma, tem consciência do seu poder de tomar decisões e da sua liberdade de ação de acordo com as próprias escolhas. Igualmente, deve sentir-se responsável pelas consequências de suas ações, posto que as decisões pertencem única e exclusivamente a ela mesma, não podendo, por isso, ser imputadas a outros. Consequentemente, qualquer tipo de manipulação deve ser considerado como um crime contra a dignidade da pessoa.

c) *Perseidade:* por tudo que é, a pessoa tem finalidade por si mesma, não necessitando de que lhe sejam agregados valores. Seu valor decorre do fato de existir. Logo, qualquer tipo de valoração com caráter utilitarista fere gravemente sua dignidade.

---

78. ZILLES, U., Antropologia Teológica, p. 109; 169.

Contudo, existe outra dimensão na pessoa, a transcendência. Embora o valor da pessoa seja intrínseco à sua natureza, ela não pode fechar-se em si mesma, pois seria um erro proporcionalmente igual à sua desvalorização. A pessoa carrega em si a capacidade de se autotranscender, sair de si na direção das outras realidades. É justamente a transcendência que permite a intercomunicação do valor da pessoa com o universo que a circunda, fazendo dela o que verdadeiramente é, ou seja, ser de relação. A transcendência possui os seguintes aspectos:

a) *Abertura ao mundo:* a pessoa, embora diferente da realidade do mundo que a circunda, é, no entanto, parte dele. Não somente está no mundo, mas o integra. Por isso, é chamada naturalmente a se relacionar com ele, dele fazendo uso com responsabilidade e estabelecendo verdadeiro laço de harmonia com toda a realidade, pois, assim como ela, as coisas têm valor por si mesmas e não apenas segundo sua finalidade. Cabe à pessoa, portanto, estabelecer relação de harmonia e respeito com a criação pela qual se tornou responsável.

b) *Abertura aos outros:* fundamentalmente, uma pessoa tem a consistência de sua natureza justamente neste aspecto, pois seus atributos imanentes se expressam de forma explícita na relação com os semelhantes por meio do diálogo e do encontro com outras pessoas. É no intercâmbio pessoal que o ser humano reconhece a si mesmo.

c) *Abertura a Deus:* como vimos, é o aspecto fundamental do ser pessoa. De todos os seres criados, o único que tem capacidade de responder a Deus é o ser humano. Criado à imagem e semelhança de Deus, é chamado a estabelecer relação com Ele. Assim como na abertura a outros seres pessoais, é também neste aspecto que reside o reconhecimento de sua dignidade pessoal. Não sem razão, a fé cristã compreende que esses dois últimos aspectos são a base de sua religiosidade, expressa como mandamentos: relacionar-se com Deus e com o próximo, de tal forma que, ao abrir-se para um, a relação se estabelece com o outro e vice-versa.[79]

Estas características, no entanto, podem se tornar apenas descrição estática do que seja a pessoa humana, sem ser capaz de defini-la verdadeiramente. Ser pessoa é reunir em si todos estes aspectos em um dinamismo constante, de tal forma que não se possa separar ou destacar um sobre o outro. Durante toda a sua vida, a pessoa vivencia cada aspecto de sua constituição ontológica mais ou menos intensamente, e justamente este dinamismo torna esta descrição sistemática um conteúdo vivencial. Este dinamismo implica que as duas dimensões, autopossessão e autotranscendência, sejam vivenciadas juntas, alternando-se em um equilíbrio natural, de tal forma que não um aspecto, mas todos em conjunto

---

79. RUBIO, A. G., Unidade na pluralidade, p. 249.

e cada um em particular sejam expressão da totalidade da pessoa. A este respeito, observa A. G. Rubio:

> Entre a dimensão de abertura ou transcendência e a dimensão de interiorização ou imanência, ambas constitutivas da pessoa, existe uma certa tensão decorrente da complexidade do humano e do seu caráter finito. [...] O crescimento e o amadurecimento da pessoa não poderá ser realizado sacrificando uma dimensão em nome da outra. [...] Concretamente, constituiria grave deformação da pessoa a pretensão de desenvolver a dimensão de interiorização para *depois*, quando a pessoa já for dona da própria vocação, se abrir aos outros, ao mundo e a Deus. [...] O crescimento desta [pessoa] só se realiza no dinâmico inter-relacionamento entre as dimensões de imanência e de abertura. É na abertura que se desenvolve a própria identidade pessoal, a autopertença, a autofinalidade bem como a liberdade e a autonomia. É no crescimento da autopossessão, responsabilidade, liberdade e autofinalidade que se enriquece a relação e a comunhão com os outros.[80]

O conceito de pessoa foi amplamente desenvolvido a partir da Doutrina Social da Igreja. A dignidade da pessoa humana foi defendida pela Igreja diante das novas formas de exploração do trabalho e dos regimes totalitários.[81] Este conceito foi retomado com vigor sobretudo a partir do Concílio Vaticano II e atualmente tem sido desenvolvido no Magistério do Papa Francisco, conforme poderemos observar nesta pesquisa. A seguir, descreveremos como o mesmo conceito tem sido desenvolvido em documentos do Magistério Eclesiástico.

2.2.2. Na Constituição *Gaudium et Spes*

Promulgada na conclusão do Concílio Vaticano II, a Constituição Pastoral *Gaudium et Spes* lucidamente radiografou a realidade do mundo em sua época. Tal é a clareza de sua exposição que, passados mais de cinquenta anos de sua promulgação, conseguimos ler, em suas linhas, características que também definem nosso tempo, embora, naturalmente, muitas tenham se modificado ou atualizado mais intensamente.

Interessa-nos sobremaneira a primeira parte da Constituição, porque faz uma leitura diagnóstica do contexto no qual estamos inseridos[82] e dá a chave de leitura da Antropologia Teológica, posto que os problemas da sociedade come-

---

80. RUBIO, A. G., Unidade na pluralidade, p. 253.
81. ZILLES, U., Antropologia Teológica, p. 110.
82. GS 4.

çam no íntimo do ser humano.[83] Além disso, apresenta com vigor o cerne da mensagem cristã como resposta para os problemas de nosso tempo,[84] sem, contudo, impor a quem pratica outra religião ou religião alguma, assimilar o que pertence à doutrina católica. Mesmo assim, conclama os "homens de boa vontade"[85] a aderirem ao conteúdo essencial da mensagem cristã, pois a razão de ser da Igreja é estar a serviço do homem.[86]

É importante destacar, no texto da Constituição:

a) Segundo as Escrituras, o homem foi criado "à imagem e semelhança de Deus" para que, com sua ação no mundo, glorifique o seu Criador.[87] Poderíamos dizer: o homem é *tipo*[88] do próprio Deus, imagem da forma como Deus se relaciona com o mundo; ele é a "mão de Deus" na história. Não sem razão, os Padres da Igreja leem o paraíso como imagem do coração humano, onde Deus e o homem caminham lado a lado.[89] Desfeita essa aliança por causa do pecado,[90] o homem percebeu-se dividido interiormente entre o bem e o mal, incapaz de dominar-se e vencer as próprias inclinações por si mesmo, ficando vulnerável à tentação do inimigo. Até mesmo a consciência de si ficou eclipsada, pois "o pecado diminui o homem, impedindo-o de atingir a sua plena realização".[91]

b) Se, pelo pecado, o homem ficou vulnerável, então sua liberdade foi comprometida, e só pode voltar a ser plena sob a ação da graça divina.[92] Isso significa que, nas escolhas que fizer, exceto se ajudado pela graça, o homem sempre estará condicionado, dividido. Não escolherá retamente, mas segundo o que agrada aos seus sentidos. Não elegerá o que é melhor, mas o que é agradável. Mesmo exercendo o direito à liberdade, estará condicionado ao próprio arbítrio. Diversamente do senso comum, a palavra *livre* que aparece na expressão *livre-arbítrio* não significa escolher apenas segundo seus próprios critérios, mas, sobretudo, a capacidade de

---

83. GS 1-2.
84. GS 10.
85. GS 22.
86. GS 3.
87. GS 12.
88. Do grego *typós*, imagem. A tipologia era a metodologia utilizada pelos Padres da Igreja ao ler a Escritura. É dela que extraímos, por exemplo, a leitura de Cristo como "verdadeiro Cordeiro que tira o pecado do mundo", em alusão ao cordeiro imolado na Páscoa judaica, entre outras (GUNNEWEG, A. H., Hermenêutica do Antigo Testamento, p. 24; WICKS, J., Introdução ao método teológico, p. 59).
89. SPIDLIK, T., A arte de purificar o coração, p. 11.
90. GS define pecado como "servir à criatura, preferindo-a ao Criador" (n. 13).
91. GS 13.
92. GS 14.

julgar as coisas a partir da razão, não condicionada pelos sentidos. Esta capacidade não foi completamente perdida, mas ficou sujeita às paixões, razão pela qual a Igreja não prega a liberdade com o otimismo de outras linhas de pensamento.[93] Antes, chama a atenção para a responsabilidade das escolhas e ações, pois estas são imputadas ao ser humano, e não às suas inclinações.

c) Como consequência do mau uso da liberdade, surge uma ética individualista,[94] por meio da qual cada um age como seu próprio guia e sua norma de conduta. Esta forma de viver dificulta o entendimento entre pessoas e grupos e favorece a intolerância, pois tende a considerar exclusivamente opiniões e valores pessoais ou dos grupos a que se pertence. Nesse sentido, dilui-se a verdade, relativizando-a. Não é de espantar que muitos já não se interessem pelos estudos como forma de alcançar a verdade. Vê-se a cultura a partir de seus interesses, de seus objetivos pessoais. Tudo se torna relativo e se agudiza a concepção de Protágoras, segundo a qual o indivíduo é "a medida de todas as coisas".[95] Sem a observância do bem comum, torna-se inviável pensar em caridade, em solidariedade e em sociedade justa. Por isso, a GS conclama todos os homens a valorizar o que é de todos, pois

> quanto mais o mundo se unifica, tanto mais as obrigações dos homens transcendem os grupos particulares e se estendem progressivamente a todo o mundo. O que só se poderá fazer se os indivíduos e grupos cultivarem em si mesmos e difundirem na sociedade as virtudes morais e sociais, de maneira a tornarem-se [...] homens novos e construtores duma humanidade nova.[96]

2.2.3. No Magistério do Papa Francisco

Desde o início de seu pontificado, podemos dizer que o Papa Francisco dilatou, para o mundo inteiro, o conteúdo do Documento de Aparecida – do qual, aliás, foi o Presidente da Comissão da redação final, conforme recorda o Prof. G. Carriquiry. Segundo ele, "basicamente, a *Evangelii Gaudium* é quase a evolução universal do Documento de Aparecida ligado à Igreja latino-americana".[97] Portanto, buscaremos extrair, da Exortação *Evangelii Gaudium*, da Encíclica *Laudato Si'*

---

93. GS 14.
94. GS 30.
95. Tht 152a.
96. GS 30.
97. CARRIQUIRY, G. Dez anos depois de Aparecida: ali nasceu o pontificado de Bergoglio.

e da recente Exortação *Gaudete et Exsultate*, elementos alusivos aos temas de que estamos tratando em nossa pesquisa.

a) Sobre o conceito de homem, Francisco afirma que cada ser humano, criado por Deus, é querido, amado por Ele, e, portanto, necessário:

> A Bíblia ensina que cada ser humano é criado por amor, feito à imagem e semelhança de Deus (Gn 1,26). Esta afirmação mostra-nos a imensa dignidade de cada pessoa humana, que "não é somente alguma coisa, mas alguém".[98]

Este mesmo ser humano é dotado de uma identidade pessoal que, não obstante os estudos sobre a evolução, não pode ser explicado por eles, o que supõe uma ação direta de Deus, e, por isso mesmo, deve ser considerado um sujeito, e não objeto.[99] Ora, torna-se imperioso então liquidar toda forma de morte, ou seja, de desrespeito a esta dignidade que lhe foi dada por Deus:

> Assim como o mandamento "não matar" põe um limite claro para assegurar o valor da vida humana, assim também hoje devemos dizer "não a uma economia da exclusão e da desigualdade social". Esta economia mata.[100]

Isso implica a defesa da vida em todas as circunstâncias[101], bem como a denúncia e uma reação firme a qualquer forma de exploração humana.[102]

b) Sobre a liberdade humana, Francisco afirma:

> O ser humano não é plenamente autônomo. A sua liberdade adoece, quando se entrega às forças cegas do inconsciente, das necessidades imediatas, do egoísmo, da violência brutal. Neste sentido, ele está nu e exposto frente ao seu próprio poder que continua a crescer, sem ter os instrumentos para controlá-lo. Talvez disponha de mecanismos superficiais, mas podemos afirmar que carece de uma ética sólida, uma cultura e uma espiritualidade que lhe ponham realmente um limite e o contenham dentro dum lúcido domínio de si.[103]

---

98. LS 65.
99. LS 81.
100. EG 53.
101. LS 120.
102. LS 123.
103. LS 105.

Logo, se não é plenamente autônomo, livre, o ser humano age condicionado por outras forças que não ele mesmo. Deve, assim, atentar para a responsabilidade de suas ações.

Contudo, não se trata de ser pessimista sobre a liberdade humana. Apesar de não ser plenamente autônomo, existe a capacidade de pensar e agir de forma diversa da praticada correntemente: "A humanidade autêntica [...] parece habitar no meio da civilização tecnológica de forma quase imperceptível, como a neblina que filtra por baixo da porta fechada".[104] Para tanto, é preciso investir em uma educação que favoreça o pensamento crítico e que favoreça o amadurecimento nos valores.[105]

c) O que foi dito a respeito da liberdade também se aplica à crítica ao individualismo, "porque o imenso crescimento tecnológico não foi acompanhado por um desenvolvimento do ser humano quanto à responsabilidade, aos valores, à consciência".[106] Por conseguinte, na medida em que percebe as inúmeras possibilidades que sua liberdade lhe assegura, o ser humano tende a se voltar para os próprios interesses: "Quando o ser humano se coloca no centro, acaba por dar prioridade absoluta aos seus interesses contingentes, e tudo o mais se torna relativo".[107] Segundo Francisco, este relativismo é mais perigoso que o relativismo doutrinal:[108]

> Este relativismo prático é agir como se Deus não existisse, decidir como se os pobres não existissem, sonhar como se os outros não existissem, trabalhar como se aqueles que não receberam o anúncio não existissem.[109]

O remédio para este mal que assola o ser humano é abrir-se para a relação com os outros,[110] o autotranscender-se:

> Sempre é possível desenvolver uma nova capacidade de sair de si mesmo rumo ao outro. [...] Quando somos capazes de superar o individualismo, pode-se realmente desenvolver um estilo de vida alternativo e torna-se possível uma mudança relevante na sociedade.[111]

---

104. LS 112.

105. EG 64.

106. LS 105.

107. LS 122.

108. LS 122; EG 80.

109. EG 80.

110. EG 92.

111. LS 208.

Porém, como não é suficiente apresentar o ideal sem uma pista concreta de ação, indicamos o caminho antigo e novo do discernimento, apontado pelo Papa na Exortação *Gaudete et Exsultate* como chave de leitura para a transformação da realidade. Este discernimento deve acontecer tanto no horizonte concreto do cotidiano[112] como no horizonte espiritual-místico.[113] Ouvir a voz de Deus é fundamental para que sejamos capazes de agir retamente, não apenas segundo os ditames da doutrina e da moral, mas, sobretudo, na liberdade que o Espírito Santo nos concede:

> Tal atitude de escuta implica, naturalmente, obediência ao Evangelho como último critério, mas também ao Magistério que o guarda, procurando encontrar no tesouro da Igreja aquilo que pode ser mais fecundo para "o hoje" da salvação. Não se trata de aplicar receitas ou repetir o passado, uma vez que as mesmas soluções não são válidas em todas as circunstâncias e o que foi útil num contexto pode não o ser noutro. O discernimento dos espíritos liberta-nos da rigidez, que não tem lugar no "hoje" perene do Ressuscitado. Somente o Espírito sabe penetrar nas dobras mais recônditas da realidade e ter em conta todas as suas nuances, para que a novidade do Evangelho surja com outra luz.[114]

É neste ponto que Antropologia Teológica e Direção Espiritual se unem: recuperando, a partir da escuta fiel ao Espírito Santo, a concepção sobre a própria natureza, o ser humano se reencontra em Cristo, seu modelo e antítipo,[115] e pode, assim, viver plenamente a sua condição existencial, como diz Santo Inácio de Antioquia: "Procuro aquele que morreu por nós; quero aquele que por nós ressuscitou. [...] Deixai-me receber a luz pura; quando tiver chegado lá, serei homem".[116] O objetivo da Direção Espiritual, portanto, será o de favorecer dois movimentos simultâneos, a saber, da coletividade para a comunidade e do indivíduo para a pessoa. Contudo, é necessário seguir uma ordem determinada: retirando o indivíduo da coletividade, ajudá-lo a tornar-se pessoa (ser de relação), para que, uma vez transformado, ele seja reinserido na mesma coletividade e proporcione sua transformação em comunidade.

---

112. GE 167.
113. GE 164-165.
114. GE 173.
115. GS 22. Sobre a definição de antítipo: GUNNEWEG, A. H., Hermenêutica do Antigo Testamento, p. 24; WICKS, J., Introdução ao método teológico, p. 59.
116. Rm 6,1-2.

2.3. O problema do dualismo antropológico

Com longa história na reflexão cristã, o *dualismo antropológico* é um dos grandes desafios que a teologia e a prática evangelizadora da Igreja no Ocidente enfrentam. Em linhas gerais, podemos defini-lo como "a tentativa de esclarecer a ambivalência do homem a partir do conceito de união de diferentes substâncias".[117] Trata-se da explicação comum que define o ser humano como um composto de corpo e alma. Embora aparentemente inocente, esta designação tem como pano de fundo a matriz filosófica desenvolvida entre os pitagóricos e que recebeu vigorosa formulação com Platão.[118] O perigo deste conceito reside em dois aspectos fundamentais:

a) na concepção de que corpo e alma pertencem a mundos diferentes. "Os dois mundos estão presentes no homem: na alma (mundo das ideias) e no corpo (mundo das coisas)".[119] Portanto, são realidades distintas, e até mesmo opostas, de forma que o ser humano não pode ser entendido como unidade. Esta visão ocasionou grandes conflitos filosóficos e teológicos, porque, no fundo, não chega ao cerne da natureza humana, visto que, sob esta perspectiva, o ser humano *tem* corpo e alma, mas nenhuma das duas realidades é capaz de identificá-lo quanto à essência;

b) por sua vez, a dicotomia supõe, e mesmo exige, uma hierarquia entre os dois componentes, e nesta hierarquização ficou postulada a superioridade da alma sobre o corpo durante muito tempo, devido à matriz neoplatônica da filosofia ocidental, que serviu de base para a teologia medieval. Por outro lado, à medida que o pensamento se libertou da hegemonia eclesiástica, o Racionalismo trouxe a lume a excelência do corpo, dando origem a uma visão materialista e mecanicista do ser humano, a qual a teologia necessita refutar, pois, como recorda L. F. Ladaria, "uma solução meramente materialista, que reduzisse todos os processos mentais ao aspecto biológico ou físico, seria incompatível com a visão cristã do homem".[120] Em resumo, o dualismo antropológico desvia o reto entendimento sobre a essência do ser humano.

Que consequências o dualismo antropológico traz para a reflexão teológica e, por conseguinte, para a pastoral? Segundo entendemos, são duas as principais:

---

117. ZILLES, U., Antropologia Teológica, p. 120.
118. RUBIO, A. G., Unidade na pluralidade, p. 76.
119. RUBIO, A. G., Unidade na pluralidade, p. 77.
120. LADARIA, L. F., Introdução à Antropologia Teológica, p. 69.

1) Em virtude da forte tradição neoplatônica presente na obra de Santo Agostinho, o responsável por lançar as bases da teologia ocidental,[121] ainda existe uma desconfiança do elemento material no que diz respeito à experiência religiosa.[122] Baseado em textos paulinos, sobretudo em Gl 5,17-23,[123] não é incomum ler, na oposição entre carne e espírito descrita por São Paulo, uma espécie de conflito interno entre as partes do ser humano. Ora, se corpo e alma brigam entre si, então não se pode entender o ser humano como um conjunto harmonioso; para resolver tal questão, a resposta comumente empregada é espiritual, ou seja, o domínio da alma sobre o corpo. Esta postura é designada, nos documentos do Magistério recente, por neognosticismo,[124] ou seja,

> o fascínio do gnosticismo, uma fé fechada no subjetivismo, onde apenas interessa uma determinada experiência ou uma série de raciocínios e conhecimentos que supostamente confortam e iluminam, mas, em última instância, a pessoa fica enclausurada na imanência da sua própria razão ou dos seus sentimentos.[125]

As consequências desta visão dualista desafiam a reflexão teológica e a prática pastoral atual, pois geram uma relação intimista com Deus e descomprometida com a realidade, ou, no dizer do Papa Francisco, "concebem uma mente sem encarnação, incapaz de tocar a carne sofredora de Cristo nos outros, engessada em uma enciclopédia de abstrações".[126]

2) Mas o dualismo antropológico pode e deve ser estendido para além do intrapessoal, atingindo também o interpessoal. Se o ser humano pode ser compreendido como dividido interiormente, é natural que haja divisão também entre ele e seus semelhantes. Esta divisão é consequência do pecado:

> Pecando, o homem abandonou a fonte do amor, e se perde em falsas formas de amor, que o fecham cada vez mais em si mesmo. É esta separação de Deus – isto é, Daquele que é fonte de comunhão e de vida – que leva à perda de harmonia entre os homens e dos homens com o mundo, introduzindo a desintegração e a morte (Rm 5,12).[127]

---

121. RUBIO, A. G., Unidade na pluralidade, p. 272; ZILLES, U., Antropologia Teológica, p. 125.

122. RUBIO, A. G., Unidade na pluralidade, p. 272.

123. ZILLES, U. Antropologia Teológica, p. 122.

124. PD 3.

125. EG 94.

126. GE 37.

127. PD 7.

Destarte, o ser humano não percebe mais o outro como irmão, estabelecendo-se assim um dualismo relacional: *eu ou o outro*, e não mais *eu e o outro*. Esta divisão separa os seres humanos entre si e dificulta a relação com Deus, pois não é possível amar a Deus, que não vemos, se não amamos o irmão, que vemos (1Jo 4,20).

Ainda mais, a divisão, a separação e a oposição entre o ser humano e Deus e entre ele e seus semelhantes alimenta a suposição de que o mesmo pode se autorrealizar sozinho, no âmbito material, e salvar-se a si mesmo mediante suas obras, no âmbito espiritual. Neste ponto, parece não haver saída: ou se vai para o imanentismo, seja ateu ou materialista, ou para um transcendentalismo de cunho pelagiano, ao qual os documentos do Magistério têm se referido como neopelagianismo:

> Prolifera em nossos tempos um neopelagianismo em que o homem, radicalmente autônomo, pretende salvar-se a si mesmo sem reconhecer que ele depende, no mais profundo de seu ser, de Deus e dos outros. A salvação é então confiada às forças do indivíduo ou a estruturas meramente humanas, incapazes de acolher a novidade do Espírito de Deus.[128]

Depois de feitas as explicitações, julgamos importante situá-las conceitualmente. Embora aconteça na prática, o dualismo, por natureza, estabelece duas grandezas conceituais, às quais chamaremos de imanentismo e transcendentalismo. Não se trata aqui de vincular o imanentismo à matéria e o transcendentalismo ao espírito, pois na verdade, segundo entendemos, cada componente do ser humano, corpo e alma, tem as duas dimensões, imanente e transcendente, às quais podemos categorizar da seguinte forma:

Componente antropológico \ Dimensão	Imanente	Transcendente
Corpo	Materialismo	Neopelagianismo
Alma	Ateísmo	Neognosticismo

Vamos abordar sucintamente cada uma delas:

1) Designamos por *materialismo* a dimensão imanente do corpo. Seus expoentes teóricos são o Cientificismo, o Racionalismo, o Positivismo e a ideologia do *self made man* (individualismo), frequentemente utilizada pelo *coaching*. Estas

---

128. PD 3.

correntes têm em comum a crença de que o ser humano tem, em seus aspectos psíquicos e corporais, por assim dizer, elementos suficientes para sua autorrealização mediante a liberdade. Embora a racionalidade seja transcendente à matéria, ela é empregada aqui como fruto das combinações neurais do cérebro. Muitos estudiosos, por exemplo, têm buscado mapear cerebralmente as emoções.[129] Com isso, a importância da transcendência é relativizada, de tal forma que o ser humano pode ser compreendido como uma máquina perfeita.

2) Entendemos que o *ateísmo* corresponde à dimensão imanente da alma, porque recusa a existência de Deus,[130] ou, em alguns casos, como no existencialismo ateu de J.-P. Sartre, declara a irrelevância de sua existência para a vida prática.[131] Dessa forma, tudo o que se refere ao homem – suas decisões, os valores assumidos, suas reflexões – está voltado para si mesmo, sem referir-se a outra realidade fora de si. Assim, compreendemos que o homem é dotado de alma, pois é livre, mas que a mesma se reduz à sua própria existência, portanto, imanente.

3) O *neopelagianismo* corresponde à dimensão transcendente do corpo, porque crê nos mesmos postulados do materialismo, porém utilizando via diversa. Não sem razão é considerado pelagianismo, pois existe certa mentalidade religiosa que crê, ainda que de forma velada, que a força moral do ser humano é capaz de conduzi-lo à salvação. Dessa forma, o ser humano descarta a ação da graça de Deus, reduzindo Jesus Cristo a um modelo ético. Não são poucas as pessoas, em nosso tempo, que desejam viver sua religiosidade *ad libitum*, fugindo ao compromisso eclesial, alegando que é possível ser santo fora da Igreja, sozinho. Ora, mesmo os documentos magisteriais afirmam que Deus pode conduzir à salvação aqueles que não estão incorporados na Igreja. Na conclusão da Carta *Placuit Deo* lemos:

> Eles [os cristãos] estarão também prontos para estabelecer um diálogo sincero e construtivo com os crentes de outras religiões, na confiança de que Deus pode conduzir à salvação em Cristo todos os homens de boa vontade, em cujos corações a graça opera ocultamente.[132]

---

129. BORINE, M. S., Resenha do Livro "O cérebro emocional", de J. Ledoux.

130. CEC 2125.

131. "O existencialismo não é de modo algum um ateísmo no sentido de que se esforça por demonstrar que Deus não existe. Ele declara antes: ainda que se Deus existisse, em nada se alteraria a questão; esse é o nosso ponto de vista". (SARTRE, J.-P., O existencialismo é um humanismo, p. 235).

132. PD 15.

O que está em jogo não é a pertença à Igreja enquanto sociedade, mas a suposição perniciosa de que é possível salvar-se sem a incorporação a Cristo e a vivência da comunhão com os irmãos. Dessa forma, a eficácia dos sacramentos é relativizada e a experiência eclesial rechaçada. A caridade, quando realizada, importa apenas como instrumento de autossantificação. O maior perigo que esta postura apresenta é a roupagem da qual se reveste. Observa o Papa Francisco:

> Quem se conforma a essa mentalidade pelagiana ou semipelagiana, embora fale da graça de Deus com discursos suaves, no fundo, só confia nas suas próprias forças e sente-se superior aos outros por cumprir determinadas normas ou por ser irredutivelmente fiel a certo estilo católico. Quando alguns deles se dirigem aos frágeis, dizendo-lhes que se pode tudo com a graça de Deus, basicamente costumam transmitir a ideia de que tudo se pode com a vontade humana, como se esta fosse algo puro, perfeito, onipotente, a que se acrescenta a graça.[133]

A Congregação para a Doutrina da Fé, na Carta *Placuit Deo*, afirmando a incongruência do neopelagianismo em relação à confissão de fé cristã, pergunta: "Como poderia Cristo mediar a Aliança da família humana inteira, se o homem fosse um indivíduo isolado, que se autorrealiza somente com as suas forças?"[134]

Já o *neognosticismo* corresponde à dimensão transcendente da alma, justamente por enfatizar de forma categórica o dualismo e dar relevo ao aspecto da espiritualidade. Vive, desse modo, uma mística desencarnada, não somente para si, como a respeito das próprias verdades da fé:

> Difunde-se a visão de uma salvação meramente interior, que talvez suscita uma forte convicção pessoal ou um sentimento intenso de estar unido a Deus, mas sem assumir, curar e renovar as nossas relações com os outros e com o mundo criado. Com esta perspectiva, torna-se difícil compreender o significado da Encarnação do Verbo, através da qual Ele se fez membro da família humana, assumindo a nossa carne e a nossa história, por nós homens e para a nossa salvação.[135]

Talvez seja difícil imaginarmos como é possível uma pessoa concreta pensar desta forma. No entanto, ela acontece mais próxima a nós do que podemos imaginar, mesmo que não de forma absoluta. Toda rejeição a expressões concretas da fé, como a relação com a política, ou mesmo a expressão "a Eucaristia é o

---

133. GE 49.
134. PD 4.
135. PD 2.

alimento da alma", se não for bem compreendida, revela a presença do neognosticismo em nosso meio e talvez até dentro de nós. Da mesma forma, a hierarquização das vocações, supondo que a vocação sacerdotal ou religiosa é superior à vocação leiga por exigir dedicação exclusiva ao Reino de Deus. Sem falar no florescimento de práticas de espiritualidade de séculos passados, contemplando penitências rigorosas e adotando modelos antropológicos estranhos aos nossos tempos. Portanto, toda separação evidente entre corpo e alma, deixando entender que existe superioridade em tudo que foge à matéria, tem fundo gnóstico. Este perigo também se torna mais evidente porque, de alguma forma, permeou a reflexão teológica da Igreja na época patrística.[136]

Ora, a postura neognóstica também não se sustenta teoricamente porque renuncia a um dado fundamental da Revelação, a Encarnação do Verbo. Em Cristo, Deus se faz homem (Jo 1,14), assumindo em tudo a condição humana, menos o pecado (Hb 4,15), e tornando-se, dessa forma, nosso irmão (Hb 2,14); foi morto na carne, mas vivificado pelo Espírito (1Pd 3,18); e, para que não houvesse dúvida de que era Ele mesmo que aparecera aos discípulos, não somente afirma que um espírito não tem ossos nem carne, mas pediu comida e se alimentou na presença deles (Lc 24,39-43). Refutando a tese neognóstica, diz a Carta *Placuit Deo*:

> Como poderia chegar até nós a salvação mediante a Encarnação de Jesus, sua vida, morte e ressurreição no seu verdadeiro corpo, se aquilo que conta fosse somente libertar a interioridade do homem dos limites do corpo e da matéria, segundo a visão neognóstica?[137]

E ainda, em outro momento, cita Santo Agostinho:

> *Eu sou o caminho, a verdade e a vida* (Jo 14,6). Se você busca a verdade, siga o caminho; porque o caminho é o mesmo que a verdade. A meta que se busca e o caminho que se deve percorrer são a mesma coisa. Não se pode alcançar a meta seguindo um outro caminho; por outro caminho não se pode alcançar a Cristo: a Cristo se pode alcançar somente através de Cristo. Em que sentido se chega a Cristo através de Cristo? Se chega a Cristo Deus através de Cristo homem; por meio do Verbo feito carne se chega ao Verbo que era no princípio Deus junto a Deus.[138]

É importante recordar, no entanto, que a categorização que acabamos de explicitar tem caráter meramente especulativo, como forma de evidenciar a in-

---

136. RUBIO, A. G., Unidade na pluralidade, p. 269.
137. PD 4.
138. Tract. Io. Ev. 13,4. Apud PD 11.

sustentabilidade do dualismo antropológico como modelo teórico, e suas consequências práticas, seja para a evangelização, seja para a vida cotidiana. Será preciso, então, buscar outro caminho que nos ajude a responder à questão sobre a complexidade do ser humano.

Como é possível superar o dualismo? Afirmando a *dualidade* existente no ser humano. Ela foge à pretensão de seccionar o ser humano, entendendo que, de fato, existe uma dupla dimensão existencial no mesmo, sem que possam ser consideradas partes, pois ele é um todo indissociável:

> Contra toda forma de dualismo, salientamos que o homem ou a pessoa singular é uma única substância que tem propriedades psíquicas e físicas, ou seja, não se reduz ao corpo nem à alma. A alma humana está em um corpo, e o corpo humano é animado.[139]

> A unidade no ser humano não anula a dualidade (espiritualidade-corporeidade) e vice-versa, esta não destrói a unidade. Antes, pelo contrário, a *pluralidade* ou não identidade de alma e corpo consiste justamente na unidade de 'espírito' e 'matéria' no homem. Ou ainda: a espiritualidade e a corporeidade do homem têm a sua pluralidade em sua unidade e sua unidade em sua pluralidade. [...] A superação real do dualismo (evidentemente, não da dualidade) só é possível a partir da experiência unitária básica do ser humano como pessoa.[140]

Esta dualidade-unidade é tão real que se torna perceptível, por exemplo, quando manifestações emocionais afetam o estado físico, como alteração de pressão arterial, sudorese, aceleração da frequência cardíaca, entre outros.[141] Dessa forma, o ser humano passa a se ver como um ser integral, composto não por partes, mas por dimensões que interagem, inseparavelmente. Por isso se afirma que não temos um corpo ou uma alma, mas somos corpo e somos alma, pois somos uma unidade. A antropologia bíblica sempre vislumbra o ser humano como um todo.[142] Tanto a expressão "minha alma engrandece o Senhor" (Lc 1,46) como "minha carne repousará na esperança" (At 2,26) referem-se à unidade do ser humano. É todo o ser que exulta e que repousará.

A dualidade-unidade intrapessoal se reflete na consideração da dualidade-unidade interpessoal. A experiência da própria miséria deve ajudar o ser hu-

---

139. ZILLES, U., Antropologia Teológica, p. 121.
140. RUBIO, A. G., Unidade na pluralidade, p. 284.
141. ZILLES, U., Antropologia Teológica, p. 122.
142. RUBIO, A. G., Unidade na pluralidade, p. 259.

mano a tornar-se misericordioso. Tanto o Antigo como o Novo Testamento o atestam: "Amareis o estrangeiro, porque fostes estrangeiros na terra do Egito" (Dt 10,19); "Não devias, também tu, ter compaixão do teu companheiro, como eu tive compaixão de ti?" (Mt 18,33). Este olhar unitivo se estabelece a partir da Encarnação do Verbo:

> O mistério do homem só no mistério do Verbo encarnado se esclarece verdadeiramente. [...] Cristo, novo Adão, na própria revelação do mistério do Pai e do seu amor, revela o homem a si mesmo e descobre-lhe a sua vocação sublime. [...] Imagem de Deus invisível, Ele é o homem perfeito, que restitui aos filhos de Adão semelhança divina, deformada desde o primeiro pecado. Já que, n'Ele, a natureza humana foi assumida, e não destruída, por isso mesmo também em nós foi ela elevada a sublime dignidade. Porque, pela sua encarnação, Ele, o Filho de Deus, uniu-se de certo modo a cada homem. Trabalhou com mãos humanas, pensou com uma inteligência humana, agiu com uma vontade humana, amou com um coração humano. Nascido da Virgem Maria, tornou-se verdadeiramente um de nós, semelhante a nós em tudo, exceto no pecado.[143]

Por isso, assim como não existe precedência entre corpo e alma, entre espiritualidade e corporeidade, igualmente é impróprio pensar que o preceito "amarás o teu próximo como a ti mesmo" (Lv 19,18) supõe ordem cronológica para o amor – como se costuma dizer que é preciso se amar primeiro para depois amar o outro –: "Certamente, constituiria grave deformação da pessoa a pretensão de se desenvolver a dimensão de interiorização para depois, quando a pessoa já for dona da própria vocação, se abrir aos outros, ao mundo e a Deus".[144]

Quando pensamos em dimensões, não é possível estabelecer qual tem a precedência, pois uma não se estabelece sem a outra. Somente a inter-relação das dimensões, sejam quantas forem, permite a existência de uma realidade dimensional. Da mesma forma, não é possível amar-se antes de amar o próximo porque, nem quando nascemos somos isolados: precisamos de alguém para nascer, portanto, somos seres relacionais desde nossa origem. A palavra *como* da citação bíblica precedente (Lv 19,18) tem valor comparativo (igualdade) e temporal (concomitância).

Este *outro*, no entanto, pode e deve ser compreendido também coletivamente, de forma a gerar o *nós*. É por isso que a *ekklesía* é convocação de Deus. Ele

---

143. GS 22.
144. RUBIO, A. G., Unidade na pluralidade, p. 253.

deseja que todos os seus filhos se reúnam, se sintam chamados por Ele a viver em comum. Por isso é fundamental afirmar que não existe salvação fora da Igreja, no sentido de que não é possível conceber a salvação por meios próprios, longe da comunhão com Deus e com os irmãos:

> O lugar onde recebemos a salvação trazida por Jesus é a Igreja, comunidade daqueles que, tendo sido incorporados à nova ordem de relações inaugurada por Cristo, podem receber a plenitude do Espírito de Cristo (Rm 8,9). Compreender esta mediação salvífica da Igreja é uma ajuda essencial para superar qualquer tendência reducionista. [...]
>
> A mediação salvífica da Igreja, "sacramento universal de salvação", assegura-nos que a salvação não consiste na autorrealização do indivíduo isolado, e, muito menos, na sua fusão interior com o divino, mas na incorporação em uma comunhão de pessoas, que participa na comunhão da Trindade.[145]

Esta dualidade eu-tu se estabelece com o outro, nosso semelhante, e também se estabelece com Deus. Reconhecendo-se um ser uno e dual ao mesmo tempo (superação do gnosticismo), e contraditório por natureza, o ser humano deixa de confiar nas próprias forças, passando a confiar na graça de Deus (superação do pelagianismo). Assim, aprende a se relacionar com Ele de forma pessoal, passando a enxergar Deus como o Outro que nos interpela e interage conosco. O cristianismo é uma religião fundamentalmente das relações pessoais. Deus para nós é Pessoa. Ela se autopossui (Trindade Imanente) e se autotranscende (Trindade Econômica), em um dinamismo constante, sem deixar de ser Ele mesmo e sem desrespeitar nossa individualidade.

Aprendendo a viver relacionamentos com o outro e com Deus a partir da dualidade (eu e o outro, eu e a Igreja, eu e Deus), podemos enfim chegar ao mais perfeito nível de relacionamento, ou seja, a partir da trindade eu-outro(Igreja)-Deus, à semelhança da comunhão de pessoas existentes na Trindade. Desse modo, podemos entender o desejo de Deus ao criar-nos à sua imagem e semelhança (cf. Gn 1,26). Por fim, resta-nos dizer que a essência da salvação cristã é a comunhão: "Verão sua face, e seu nome estará nas suas frontes. [...] O Senhor Deus brilhará sobre eles, e eles reinarão pelos séculos dos séculos" (Ap 22,4).

---

145. PD 12.

2.4. Contribuição de outras ciências para a Teologia

Como diz A. G. Rubio: "a teologia não desenvolve uma filosofia da pessoa, pois a filosofia segue seu caminho próprio. Mas a teologia pode receber inspirações no diálogo com a filosofia e as ciências".[146] É exatamente este o ponto de nossa pesquisa no qual nos encontramos. Como já dissemos, a Antropologia Teológica haure da Revelação Bíblica sua formulação teórica básica, mas, com o avançar das ciências, recebe das mesmas contribuições significativas para a atualização de seu discurso, adaptando-o ao contexto atual.

Sob este ponto de vista, vamos nos apoiar em duas concepções teóricas, a saber: uma haurida da Filosofia – o Personalismo de E. Mounier – e outra da Psicologia – a Abordagem Centrada na Pessoa de C. Rogers – para demonstrar a relação das mesmas com a reflexão antropológica da teologia.

2.4.1. O Personalismo de E. Mounier

Embora o termo *personalismo* não seja original de E. Mounier e tenha tido outras impostações ao longo da história, interessa-nos o sentido dado por este autor escolhido em nosso estudo, por causa das características de sua filosofia. Segundo ele, a única forma de estudar o ser humano é enquanto *homem-pessoa*, e não enquanto *homem-indivíduo*, porque

> a pessoa não é um objeto. Antes, é exatamente aquilo que em cada homem não pode ser tratado como objeto. [...] A pessoa não é o mais maravilhoso objeto do mundo, objeto que conhecêssemos de fora, como todos os outros. É a única realidade que conhecemos e que, simultaneamente, construímos de dentro.[147]

Existe, portanto, o risco de, ao analisar o ser humano apenas de fora, coisificá-lo, torná-lo indivíduo, o que compromete a compreensão do conceito de pessoa. Assim sendo, para compreender bem a filosofia personalista, é fundamental distinguir *indivíduo* de *pessoa*. M. Silva, refletindo sobre o personalismo, assim define o indivíduo:

> A palavra indivíduo vem do latim *individuus*, que significa não divisível, ou seja, não aberto a algo externo. Nesse sentido, quando aplicado ao ser humano, expressa a condição reduzida de um ser que se basta a si mesmo.[148]

---

146. ZILLES, U., Antropologia Teológica, p. 109.

147. MOUNIER, E., O Personalismo, p. 15.

148. SILVA, M., O personalismo de Emmanuel Mounier e sua influência para a compreensão do homem integral na contemporaneidade.

Segundo E. Mounier, o indivíduo "é a própria antítese do personalismo e o seu mais direto adversário".[149] Contudo, não é possível separar-nos do que nele constitui nossa própria realidade, pois somente assim é possível tornar-se verdadeiramente pessoa: "O movimento de interiorização constituído pelo indivíduo contribui para assegurar a nossa forma. No entanto, a pessoa só cresce na medida em que, sem cessar, se purifica do indivíduo que nela está".[150] Considerando a realidade inerente ao ser humano, E. Mounier descreve os passos por meio dos quais é possível tornar-se pessoa:

a) Para ele, a primeira tarefa é conscientizar-se da *corporeidade*: "o homem é corpo exatamente como é espírito, é integralmente 'corpo' e é integralmente 'espírito'".[151] Continua: "não posso pensar sem ser, nem ser sem o meu corpo".[152] Por mais óbvia que pareça tal observação, existem, especialmente no plano filosófico e religioso, tendências à despersonalização, enquanto busca de uma superação do corporal, não como a justa medida do racional-espiritual sobre a matéria, mas enquanto certo aniquilamento da mesma. Por sua vez, a reação contrária é igualmente nociva, pois focaliza excessivamente o material sem perceber os movimentos do espírito, porque "o homem é um ser natural, mas é um ser natural humano".[153] E continua:

> Impõe-se-nos hoje acabar com esse pernicioso dualismo, tanto na nossa maneira de viver como no nosso pensamento. O homem é um ser natural; através do seu corpo faz parte da natureza, e o seu corpo segue-o por toda a parte. Saibamos tirar daqui as consequências.[154]

b) Por outro lado, a pessoa *transcende a natureza*, é maior do que ela. É, em verdade, o único ser capaz de, estando entranhado nela, transformá-la a partir de sua transcendência. Com sua racionalidade, a pessoa é chamada a transformar o mundo, personalizando-o no sentido mais mounieriano da palavra:

> A pessoa não se contenta com sofrer a ação da natureza, donde veio, ou com mover-se conforme suas provocações. Volta-se para ela para a transformar e progressivamente para lhe impor a soberania de um universo pessoal. [...] A exploração da natureza não tem por fim articular sobre um

---

149. MOUNIER, E., O Personalismo, p. 45.
150. MOUNIER, E., O Personalismo, p. 45
151. MOUNIER, E., O Personalismo, p. 29.
152. MOUNIER, E., O Personalismo, p. 37.
153. *Apud* MOUNIER, E., O Personalismo, p. 32.
154. MOUNIER, E., O Personalismo, p. 30.

feixe de determinismos um feixe de reflexos condicionados, mas sim abrir, perante a liberdade criadora de um número crescente de homens, as mais altas possibilidades de humanização. É a força da afirmação pessoal que destrói os obstáculos e rasga novos caminhos. [...] Essa ação não consiste na imposição às coisas de uma relação de senhor e escravo. A pessoa só se liberta, libertando. E é chamada tanto para libertar a humanidade como as coisas. [...] Desde o seu primeiro gesto – colocado sobre a terra para 'trabalhar a terra' (Gn 2,15) e dar nome a todas as coisas – contribui para que desapareça uma natureza pura, que vai dar lugar a uma natureza que se começa a humanizar.[155]

Isso não significa que pode explorar a natureza a seu bel-prazer, mas utilizar seus recursos e ordená-los com vistas ao bem-estar de todos, inclusive da própria natureza. Esta exploração é benéfica à medida que não destrua os recursos naturais e favoreça todas as pessoas. Quando deturpa o sentido de seu senhorio sobre a natureza, o homem a destrói e, consequentemente, se destrói, pois ele mesmo faz parte da natureza, está integrado nela como um todo:

> Operamos esta degradação cada vez que consideramos as coisas somente como obstáculo a afastar, matéria para possuir e dominar. O poder discricionário que passamos, então, a exercer sobre elas, não tarda a comunicar-se às relações humanas, a segregar a tirania que vem sempre do homem e não das coisas.[156]

É interessante notar como esta reflexão está consignada na Revelação Bíblica, quando São Paulo escreve aos Romanos:

> A criação em expectativa anseia pela revelação dos filhos de Deus. De fato, a criação foi submetida à vaidade – não por seu querer, mas por vontade daquele que a submeteu – na esperança de ela também ser libertada da escravidão da corrupção para entrar na liberdade da glória dos filhos de Deus. Pois sabemos que a criação inteira geme e sofre as dores de parto até o presente. E não somente ela. Mas também nós, que temos as primícias do Espírito, gememos interiormente suspirando pela redenção do nosso corpo (Rm 8,19-23).

c) A pessoa ainda *se relaciona com outras pessoas*, tornando-se pessoa, em detrimento do indivíduo. Na verdade, é este intercâmbio que faz de cada ser hu-

---

155. MOUNIER, E., O Personalismo, p. 37.
156. MOUNIER, E., O Personalismo, p. 38.

mano uma pessoa propriamente dita. No entanto, a tensão constante é entre o personalismo e o individualismo, pois o instinto de autodefesa recusa qualquer abertura ao outro:

> Uns esquecem-no suprimindo toda a possibilidade de contato. Outros querem fazer das pessoas objetos manejáveis e utilizáveis, quer sejam para o filantropo, os pobres, quer para o político, os eleitores; para este, os filhos; para aquele, os operários; o egocentrismo perde-se em altruístas ilusões. Outro tenta reduzir os que o rodeiam a simples espelho. Como que uma espécie de instinto vai permanentemente tentando negar e empobrecer a humanidade que nos rodeia.[157]

Para vencer o instinto de autodefesa, o ser humano, ainda em processo de personalização, precisa realizar alguns atos que são específicos da pessoa,[158] entre os quais: 1) *sair de si próprio*, descentrar-se e tornar-se disponível aos outros; 2) *compreender*, deixar de se colocar sempre em seu próprio ponto de vista para se colocar no ponto de vista do outro; 3) *assumir* o destino, as alegrias e as tarefas dos outros; 4) *dar*, ser capaz de ser generoso e gratuito: "A generosidade dissolve a opacidade e anula a solidão da pessoa, mesmo quando esta nada recebe em troca";[159] e 5) *ser fiel*, manter relações constantes: "As dedicações pessoais, amor, amizade, só podem ser perfeitas na continuidade. [...] A fidelidade pessoal é uma fidelidade criadora".[160]

Como não se trata de exaurir a concepção personalista de E. Mounier, estas informações são suficientes para demonstrar a base filosófica com a qual a Teologia dialoga em vista do enriquecimento do conceito de pessoa, que inclui, obviamente, além dos pontos mencionados, a abertura a Deus. A este respeito, o próprio E. Mounier diz, referindo-se ao cristianismo:

> Cada pessoa é criada à imagem de Deus, cada pessoa é chamada para formar um imenso Corpo místico e carnal na Caridade de Cristo. [...] A própria concepção de Trindade, que alimentou dois séculos de debates, traz consigo a ideia surpreendente de um Ser Supremo no qual intimamente dialogam pessoas diferentes, de um Ser que é já, por Si próprio, negação da solidão.[161]

---

157. MOUNIER, E. O Personalismo, p. 44.
158. MOUNIER, E., O Personalismo, p. 47.
159. MOUNIER, E., O Personalismo, p. 47.
160. MOUNIER, E., O Personalismo, p. 48.
161. MOUNIER, E., O Personalismo, p. 20.

2.4.2. A Abordagem Centrada na Pessoa de C. R. Rogers

A Psicologia também tem a contribuir com o conceito de pessoa, na medida em que tem nela o objeto material de seu estudo. Em nosso caso, interessa-nos sobremaneira a concepção psicológica, dado que é a ciência cuja prática mais se aproxima da Direção Espiritual. Entre as correntes psicológicas existentes, elegemos a Abordagem Centrada na Pessoa (ACP), fundada por C. Rogers, para contribuir com nossa reflexão.

Como fizemos anteriormente, não aprofundaremos detalhes da concepção psicológica rogeriana, mas acenaremos os aspectos fundamentais de sua teoria. Nesse sentido, podemos antecipar que o peso dado às palavras *pessoa* e *indivíduo*, nesse caso, é diferente da concepção de E. Mounier: *indivíduo* é o ser humano em seu estado atual ou ao início da psicoterapia, ao passo que *pessoa* é o estágio aonde se deseja chegar ou aonde se chegará depois de vivenciar o processo terapêutico. Por isso, o objetivo da ACP é fazer com que o indivíduo se torne pessoa.

A pergunta que emerge inicialmente é: o que C. Rogers entende por pessoa? Segundo Y. Maupeou,

> A visão rogeriana de pessoa parte de um núcleo essencialmente positivo: a pessoa é naturalmente racional, realista, progressiva. Porém, para Rogers, essa visão não se situa como o *a priori* de uma filosofia das essências e sim como uma tendência, uma capacidade que se descobre dentro do processo dinâmico da existência.[162]

Em outras palavras, poderíamos dizer: o ser humano não *é*, ele *pode se tornar* pessoa, por que tem em si as características que possibilitam essa transformação. Para que isso venha a acontecer, segundo C. Rogers, é fundamental que o indivíduo encontre um espaço onde possa se desvincular de qualquer estrutura de pensamento à qual foi submetido em sua história – inclusive as imagens que tem de si mesmo. Esta técnica, própria de C. Rogers, chama-se Consideração Positiva Incondicional. É este o ambiente favorável para que o ser humano tome consciência do seu eu – C. Rogers escolhe o termo *self*, que é mais dinâmico – e pode, assim, libertar-se das máscaras que romperam a ligação com seu anseio profundo de ser autêntico. O próprio C. Rogers explica sua teoria:

> À medida que acompanho a experiência de muitos clientes na relação terapêutica que nos esforçamos para criar, me parece que cada um está levantando a mesma questão. Abaixo do nível da situação-problema sobre

---

162. MAUPEOU, Y. M. G. de., A visão de pessoa na teoria de Carl Rogers, p. 55.

> a qual o indivíduo está se queixando – atrás do problema com os estudos, ou esposa, ou patrão, ou com seu próprio comportamento incontrolável ou bizarro, ou com seus sentimentos assustadores –, se encontra uma busca central. Parece-me que no fundo cada pessoa está perguntando: "Quem sou eu, *realmente*? Como posso entrar em contato com este eu real, subjacente a todo o meu comportamento superficial? Como posso me tornar eu mesmo?" [...] É meu propósito compreender a maneira como se sente em seu próprio mundo interior, aceitá-la como ela é, criar uma atmosfera de liberdade na qual ela possa se mover, ao pensar, sentir e ser, em qualquer direção que desejar.[163]

Contudo, ninguém se torna pessoa apenas em um consultório de psicoterapia. A relação estabelecida entre terapeuta e cliente é sem dúvida fundamental para este processo, mas precisa ter desdobramento no conjunto de sua vida. Para C. Rogers, o ser humano se desenvolve nas relações interpessoais, no encontro com os outros. Esse encontro é decisivo para qualificar a formação da personalidade, pois é nele que ocorre o *feedback* que possibilitará a formação do ser humano:

a) Ou se sentirá valorizado pelo outro de forma incondicional, encontrando um ambiente favorável para o desenvolvimento de suas potencialidades, de forma que se estabeleça uma *congruência* entre o ser real e o ser existencial, e assim suas ações sejam pautadas na própria experiência de vida;

b) Ou se sentirá desprezado, não aceito integralmente pelo outro, passando a valorizar-se na medida da valorização do outro. Nesse caso, instaurar-se-á *incongruência* entre o ser real e o ser existencial, e o indivíduo passará a enxergar de si o que os outros enxergam, valorizando-se apenas de forma condicional. Passa a ter uma falsa ideia de si e a se pautar nas experiências de outros ou em códigos preestabelecidos.[164]

Neste sentido, embora não exalte o *laisser faire*, C. Rogers acredita que, para se desenvolver como pessoa, o indivíduo precisa estar livre de todas as institucionalizações generalizantes nas quais somos inseridos desde crianças. Caso contrário, continuará respondendo aos estímulos que visam forjar uma identidade seriada, formatada:

> As religiões, as famílias, as escolas etc. sempre definem os objetos mais desejáveis para os sujeitos: razão, coragem, obediência, caridade, fé, fide-

---

163. ROGERS, C. R., Tornar-se pessoa, p. 122.
164. MAUPEOU, Y. M. G. de., A visão de pessoa na teoria de Carl Rogers, p. 57.

lidade etc... Essas normas são transmitidas, geralmente acompanhadas de recompensas ou castigo, e suas raízes são apresentadas ou em Deus, ou na natureza universal do homem, ou na sobrevivência da sociedade. São valores *concebidos, introjetados* de fora fazendo com que a pessoa ou se conforme usando máscara, ou reaja, ficando desajustada; em ambos os casos ela não teve oportunidade de ser ela mesma, nem de assumir livremente sua experiência.[165]

A partir deste contato mais íntimo com a própria experiência, emerge do indivíduo seu ser *pessoa*, cujas características, segundo C. Rogers, são:

a) *Abertura à experiência:* encontrando um terreno favorável à expressão de suas ideias, medos, fantasias, sem se sentir julgado, o indivíduo passa a não mais se julgar, e daí emerge um aspecto novo de si mesmo ao qual ele não havia atentado, ou ao menos não tinha deixado vir à tona. Passa, então, a sentir gosto pela própria experiência, a perceber-se como alguém vivo, consciente de si, capaz de fazer experiências por si mesmo;

b) *Confiança no próprio organismo:* enquanto se conhece melhor, e percebe que tem mais a oferecer a si mesmo do que poderia imaginar, a pessoa começa a confiar mais em seu próprio *feeling* interior. Em vez de procurar por respostas nos outros ou nas formulações dogmáticas às quais estava atrelado pelo medo de não ser valorizado, passa a perguntar a si mesmo e a confiar no que seu sentido interior lhe comunica;

c) *Foco interno de avaliação:* naturalmente, à medida que se pergunta mais e confia mais em si mesmo para tomar decisões e tecer reflexões, cada vez menos depende da aprovação ou desaprovação alheias. Nesse sentido, não só pergunta mais a si mesmo, como se sente confiante em responder a si mesmo sobre gostos pessoais, passa a julgar interiormente suas atitudes, mede as consequências de suas escolhas etc.;

d) *Desejo de ser um processo:* todo este movimento desemboca na descoberta de si mesmo como um processo dinâmico, no qual passa a sentir gosto. Não sente mais a necessidade de definir-se ou definir as coisas, antes prefere entender que está em constante processo de reintegração consigo mesmo, e passa a estar mais atento a tudo que acontece ao seu redor, certo de que poderá fazer novas experiências que lhe possibilitem continuar seu processo de evolução pessoal.[166]

Considerando que a abordagem de C. Rogers é psicológica, parece um tanto natural que, na sua descrição teórica, não vislumbre a alteridade, principalmen-

---

165. MAUPEOU, Y. M. G. de., A visão de pessoa na teoria de Carl Rogers, p. 58.
166. ROGERS, C. R., Tornar-se pessoa, p. 130.

te em se tratando de uma Abordagem Centrada na Pessoa. Contudo, um rápido olhar sobre esses pontos pode nos fazer perceber como que este processo, para ser efetivo, necessita da alteridade para se desencadear, seja no seu início (a questão da valorização ou não do indivíduo), seja na consecução do tornar-se pessoa, pois, como já dissemos, ninguém se torna pessoa apenas em um consultório de psicoterapia, mas também aplicando as experiências da terapia no cotidiano.

Dessa forma, os indivíduos, ao mesmo tempo que encontram um espaço favorável no consultório, são lançados no mundo e terão que aventurar-se a viver a vida real, relacionando-se e aprendendo na prática. Por isso, a abordagem rogeriana se torna fonte importante tanto para a descrição do conceito de pessoa como para a prática da Direção Espiritual, uma vez que o processo terapêutico implantado por C. Rogers é, em parte, a base material desta prática.

Além disso, Y. Maupeou, refletindo sobre o conceito rogeriano de pessoa, afirma que, não obstante a rejeição de C. Rogers para com as instituições – entre elas a religião – no processo de formação da personalidade, observa que é possível ler alguma aproximação entre C. Rogers e o cristianismo:

> Com efeito, o cristianismo sempre situou a realização pessoal, o núcleo fundamental dos atos e a raiz do espírito, no íntimo da pessoa, no face a face com sua consciência que é, acima de qualquer lei e mesmo de qualquer revelação, o caminho que se deve seguir. O Evangelho situa a liberdade na capacidade de ser e não de parecer. Até aqui vemos que C. Rogers se encaixa muito bem no cristianismo. A diferença aparece quando se tenta definir as origens do *núcleo*. C. Rogers apela simplesmente para a natureza; o cristianismo chega à valorização total de pessoa porque, antes, sabe que ela é imagem de Deus.[167]

Feitas estas considerações sobre o conceito de pessoa, na Revelação Bíblica, na reflexão teológica decorrente e nas ciências mais próximas à teologia, vamos buscar compreender como é possível, por meio da Direção Espiritual, favorecer o indivíduo em seu processo de tornar-se pessoa, ser de relação, com Deus, com o outro, com o mundo, articulando as dimensões que lhe são inerentes, com vistas a estabelecer a comunhão desejada por Deus ao criá-lo à sua imagem e semelhança.

---

167. MAUPEOU, Y. M. G. de., A visão de pessoa na teoria de Carl Rogers, p. 60.

Capítulo 3 | Direção Espiritual e crescimento pessoal do ser humano

Ao longo desta pesquisa tivemos a oportunidade de observar o ser humano no contexto atual, fortemente marcado pelo individualismo e por certa insensibilidade para com o outro, características observadas igualmente na experiência eclesial contemporânea. Também fizemos considerações sobre a Direção Espiritual, sua história e seus métodos, procurando entender como ela pode auxiliar o ser humano em seu relacionamento pessoal com Deus. Em seguida, por se tratar de uma pesquisa que tem por base a Antropologia Teológica, voltamos o olhar para a questão do conceito de pessoa, nas Escrituras, no Magistério eclesiástico, no desenvolvimento teológico e em ciências afins. Neste capítulo, nos propomos a olhar para a realidade da Direção Espiritual como o eixo articulador das dimensões estudadas anteriormente.

Para tanto, nos deteremos nos seguintes pontos: primeiramente, observaremos em que modalidades a Direção Espiritual se desdobra na pastoral atual. A seguir, refletiremos sobre a atitude da escuta, fundamental para o exercício da Direção Espiritual. Analisaremos como é possível compreender a Direção Espiritual como paternidade/maternidade espiritual. E por último, consideraremos aquele que nos parece o ponto-chave de toda essa reflexão: a Direção Espiritual como um movimento de educação para a alteridade.

No primeiro capítulo foram levantadas algumas perguntas sobre a validade ou a coerência da prática da Direção Espiritual em nossos dias. Sem a pretensão de esgotar o assunto, nos propomos a respondê-las, não de forma sistemática, mas contextual, de acordo com o desenvolvimento de nossa reflexão.

3.1. A Direção Espiritual hoje

Diante do fato antropológico de que o ser humano precisa de auxílio para desenvolver suas potencialidades e seu ser pessoal, está clara para nós a necessidade da Direção Espiritual. No entanto, a exiguidade da prática e a relativização do senso de comunidade empreendida pela modernidade líquida põem em xeque a validade da mesma. Em que medida a ajuda que a Direção Espiritual pode oferecer é bem-vinda, considerando a proclamação de autonomia do ser humano, tão defendida e propagada atualmente?

Buscando responder a esta pergunta, enumeraremos, a seguir, propostas de solução que atualizam o modelo tradicional da Direção Espiritual em formas que se adaptam às demandas que se apresentam à pastoral contemporânea.

3.1.1. Modalidades de Direção Espiritual segundo G. Filoramo

Ao encerrarmos o breve percurso histórico e metodológico que nos apresentou a prática da Direção Espiritual, G. Filoramo elencou situações que, a seu ver, representam as modalidades por meio das quais ela é realizada hoje, modalidades estas atualizadas às circunstâncias do nosso tempo.[168] É sobre elas que deteremos nossa atenção neste ponto da pesquisa.

1) O primeiro item apresentado por G. Filoramo foi a *Direção Espiritual propriamente dita dos seminaristas e religiosos*. O modelo já é conhecido.[169] Contudo, podemos modificar-lhe a ambiência. Em vez de se impor como uma exigência disciplinar e, por isso, extrínseca à formação presbiteral/religiosa,[170] pode-se pensar, logo no início da formação integral dos mesmos, em apresentar-lhes a essência da mensagem cristã, mostrando a necessidade humana de uma ajuda eficaz para a vivência da própria vocação. Ao mesmo tempo, podem se realizar conversas regulares dos formadores com os candidatos à vocação sacerdotal/religiosa demonstrando interesse em conhecê-los. À medida que esta conversa se desenrola, o formador pode provocar nos seminaristas a necessidade de ter um companheiro de viagem que os ajude a descobrir os caminhos pelos quais o Senhor os chama a trilhar. Com isso se passa de uma imposição jurídica e extrínseca para o reconhecimento de que se trata de uma necessidade antropológica básica. Sobre a importância da Direção Espiritual na vida dos seminaristas, afirma a *Ratio Fundamentalis*, documento da Congregação para o Clero sobre a formação sacerdotal:

> A Direção Espiritual é um instrumento privilegiado para o crescimento integral da pessoa. [...] O encontro com o diretor espiritual não deve ser

---

168. FILORAMO, G. (Ed.). Storia della Direzione Spirituale, v. 1, p. 35.
169. FAVALE, A., A formação inicial dos candidatos ao presbiterado, p. 89.
170. CIC 1983, cân. 239 § 2.

ocasional, mas sistemático e regular; a qualidade do acompanhamento espiritual é, de fato, importante para a própria eficácia de todo o processo formativo.[171]

Os formadores cuidem especialmente de advertir os seminaristas sobre o perigo de expor-se a qualquer pessoa, bem como de explicar-lhes a natureza do *foro íntimo* ou *interno*,[172] ou seja, dos assuntos relativos ao âmbito privado da pessoa. Em resumo, o modelo que se deve evitar é o de fazer imposição de caráter meramente institucional, como se a vida da graça fosse uma exigência exclusiva do exercício prático, exterior, da vocação. Os candidatos à vida presbiteral/religiosa precisam ser ajudados a compreender que a prática exterior supõe vida interior, mas não pode condicioná-la, submetê-la, como uma exigência meramente formal, por exemplo, avaliando a qualidade da Confissão e da Direção Espiritual pela periodicidade com que é realizada.

2) O que se disse acima serve para o segundo aspecto mencionado por G. Filoramo, que é o da *formação permanente dos presbíteros*. Eis o que aponta o Diretório para o Ministério e a Vida dos Presbíteros:

> Trata-se duma necessidade intrínseca ao próprio dom divino, que deve ser cotidianamente vivificado para que o presbítero possa responder adequadamente à sua vocação. Com efeito, enquanto homem historicamente situado, ele tem necessidade de aperfeiçoar-se em todos os aspectos da sua existência humana e espiritual, para poder alcançar aquela conformação com Cristo, que é o princípio unificante de tudo.[173]

O mesmo tema é aprofundado pela *Ratio Fundamentalis* ao afirmar:

> A formação permanente representa uma necessidade imprescindível na vida e no exercício do ministério de cada sacerdote; de fato, a atitude interior do sacerdote deve ser caracterizada por uma disponibilidade à vontade de Deus, seguindo o exemplo de Cristo. [...] A expressão "formação permanente" invoca a ideia de que a experiência unitária de discipulado daqueles chamados ao sacerdócio jamais se interrompe. O sacerdote não somente "aprende a conhecer Cristo", mas, sob a ação do Espírito Santo, ele encontra-se inserido no interior de um processo de gradual e contínua

---

171. RF 107.

172. SALVADOR, C. C.; EMBIL, J. M. U., Dicionário de Direito Canônico, p. 362.

173. MVP 87.

configuração a Jesus, no seu ser e no seu agir, que constitui um permanente desafio ao crescimento interior da pessoa.[174]

O grande risco que todo presbítero corre é o de se pensar como alguém já formado, pronto, sustentado unicamente pela graça de Deus. Desta percepção decorrem muitas das principais quedas no exercício do ministério sacerdotal, desde as reações à incompreensão das suas atitudes pastorais até os desvios de conduta moral e os decorrentes escândalos. Não é possível ao presbítero, como a nenhum cristão, trilhar sozinho o caminho de sua realização pessoal e de sua santificação. Por isso, ainda que não frequentando mais a Direção Espiritual, o que é lamentável apesar de não poder ser obrigatório, o presbítero pode e deve ser ajudado mediante encontros de formação que abordem temas pertinentes à sua evolução pessoal e ao dinamismo interno da opção assumida, seja ela diocesana ou religiosa.

É de fundamental importância a realização de retiros espirituais e encontros de formação, que devem, na medida do possível, ser construídos com a colaboração de um grupo de presbíteros, a fim de atender às demandas dos mesmos. Nos retiros, deve-se priorizar a dimensão da experiência mais que a reflexão intelectual. Nem sempre estas atitudes são bem vistas ou mesmo desejadas, porque se trata de um modelo historicamente cristalizado. Contudo, à medida que se evolui neste sentido, acreditamos que, mesmo lentamente, as reações também podem ser transformadas. Aos responsáveis por esta elaboração não deve preocupar o efeito instantâneo, mas deve consolar a consciência de fazer o seu papel inspirado na necessária renovação interior, para que a Igreja possa colher frutos.

3) O terceiro aspecto diz respeito à *formação dos leigos na vida espiritual*. Neste ponto, o que foi dito acima sobre os presbíteros é aplicado aos leigos. Existem grandes dificuldades na formação espiritual dos leigos. Uma delas é o ritmo de vida atual, que acaba por impedir ou dificultar sua participação na vida de comunidade durante a semana. Mas também existe a falta de interesse de parte dos mesmos em sua própria formação. Muitos se colocam em posição passiva, apenas esperando receber conteúdos já prontos. Outros não manifestam interesse em aprofundar-se na fé que professam ou mesmo na relação com Deus, contentando-se em manter uma religiosidade básica, que atenda aos seus anseios imediatos. Neste ponto, um problema grave está no hiato existente entre a vida dos clérigos e a dos leigos, de modo que, por exemplo, os horários de atendimento ou das atividades pastorais diferem consideravelmente do cotidiano de quem trabalha ou estuda. É urgente repensar a pastoral, não somente a partir do interno da Igreja,

---

174. RF 56; 80.

o que o Documento de Aparecida chama de pastoral de conservação,[175] mas dos anseios e necessidades das pessoas, o que não significa render-se ao modelo desejado por elas. A experiência mostra que, quando bem feita, uma catequese ao mesmo tempo sólida e respeitosa para com o ritmo dos fiéis estimula neles um autêntico desejo de aprender as razões da fé e de experimentar em seu íntimo o chamado que Deus lhes faz. Portanto, assim como no item anterior, não deve preocupar aos agentes de formação o resultado imediato das iniciativas pastorais, mas deve impeli-los a consciência de estar fazendo o possível no presente, pois "os que semeiam com lágrimas, ceifarão em meio a canções" [Sl 126(125),5].

4) Importante meio de dirigir espiritualmente os fiéis – e também os clérigos, na medida em que o acolham – é a *Pastoral do Sacramento da Penitência*. Não há dúvida de que já não é mais possível separar a acusação da matéria a confessar do que é propriamente conteúdo de uma conversa de Direção Espiritual,[176] seja pela complexidade que a vida dos fiéis assumiu, seja pela falta de formação específica para compreender essa diferença, ou, principalmente, pela aproximação que os conteúdos possuem entre si. Dessa forma, acolher uma pessoa para se confessar pode ser uma oportunidade enriquecedora para a escuta, para conhecer o seu íntimo, para ajudar tal pessoa a purificar o conceito de espiritualidade, entre outros.

Ora, só é possível fazê-lo se, primordialmente, os presbíteros dispõem de *tempo* para atender as pessoas, em dois sentidos, a saber: o *tempo quantitativo*, ou seja, ampliar o horário de atendimento, favorecendo o acesso das pessoas a ele; e o *tempo qualitativo*, dedicado única e exclusivamente, sem pressa, a cada pessoa que procure o sacramento. Horários de atendimento restritos ao expediente das secretarias paroquiais – que, por sua vez, também precisariam ser reformulados em virtude das demandas do ritmo atual de vida – comprometem este importante recurso de Direção Espiritual dos fiéis.

Além disso, é preciso ter disposição interior para acolher as histórias em sua complexidade. Isso não significa uma escuta passiva, mas atenta, disponível, disposta inclusive a corrigir e purificar o que não condiz ou com o momento ou com a perspectiva cristã. Tudo isso exige tempo e vontade. A Pastoral do Sacramento da Reconciliação, se bem desenvolvida, pode ser um campo especialmente propício para o recomeço da semeadura do Evangelho nos corações, pois se trata de um contato individualizado que a pessoa tem com um mestre, interpretando

---

175. DAp 370.

176. "Uma coisa é certa: o tempo de um limite claramente estabelecido que separe a confissão da orientação espiritual já se foi" (PEIXOTO, C. H., Entre o tribunal e o divã, p. 71).

e acolhendo a mensagem do Evangelho, que é dirigida a todos, na concretude de sua situação existencial.

Uma dificuldade que se apresenta, contudo, é quando se percebem todos os aspectos da vida como situações de pecado. Não raro encontramos nas pessoas um forte sentimento de culpa nas situações vividas, mesmo que tecnicamente não se configure como culpa. A. Grün descreve o sentimento de culpa presente na mentalidade contemporânea da seguinte forma:

> Hoje em dia, os psicólogos constatam que, se por um lado existe uma redução de consciência da culpa, por outro, há um aumento excessivo dos sentimentos de culpa. [...] Muitos sentimentos de culpa não expressam nenhuma culpa verdadeira, são muito mais expressões da falta de esclarecimento e pouca autoestima. Muitas pessoas sentem-se culpadas porque o próprio superego as acusa. [...] Como os sentimentos de culpa são sempre desagradáveis, as pessoas desenvolveram mecanismos para evitá-los. [...] Sob este ponto de vista é possível entender por que reprimimos nossa culpa. No entanto, isto leva ao entorpecimento da vida, à obsessão, à insensibilidade e à apatia. Os sentimentos de culpa reprimidos se expressam em irascibilidade, medo, irritação e obstinação. A perda da capacidade de percepção da culpa real, no fundo, significa a perda da humanidade.[177]

Sendo assim, considerando que o Sacramento da Penitência se destina a acolher o pecador e a reconciliá-lo com Deus, o confessor deve ajudar a pessoa a discernir, pouco a pouco, o que constitui pecado e o que é somente matéria de Direção Espiritual, por meio de acompanhamento contínuo:

> A culpa é uma oportunidade de descobrir a verdade sobre si mesmo, de olhar no fundo do próprio coração e encontrar Deus em seu interior. A nossa tarefa consiste em acolher nosso lado obscuro e aceitar a própria culpa com toda humildade. Pois, no caminho que leva a encontrar-se a si mesmo, o ser humano sempre incidirá em culpa. [...] Sem a culpa não existe infelizmente amadurecimento da alma e nenhuma ampliação de horizonte espiritual. Desta forma, a vivência da própria culpa pode mostrar um caminho para a mudança interior.[178]

Outra dificuldade é o cunho moral e jurídico que o Sacramento da Penitência tem em sua raiz: o indivíduo que se aproxima do confessionário o faz porque se arrepende do mal praticado e deseja ser perdoado para começar a evitar o mal

---

177. GRÜN, A., Perdoa a ti mesmo, p. 102.
178. GRÜN, A., Perdoa a ti mesmo, p. 106.

e praticar o bem, de acordo com os conselhos que receber. Já a Direção Espiritual não tem propriamente esta feição, porque nem tudo que acontece no cotidiano é pecado. Muitas vezes o que se precisa é mais um conselho para o discernimento, em um processo que é lento e profundo. Ainda assim, um primeiro contato por meio do Sacramento da Penitência pode ser um divisor de águas na formação da consciência de um fiel.

A terceira dificuldade é a de o presbítero sentir-se investido institucionalmente da *autoridade* do diretor espiritual sem, no entanto, possuir tal carisma. Logicamente, pela graça do Sacramento da Ordem, todo presbítero recebe o poder de ligar e desligar (Mt 16,19), mas tal poder não traz embutida a *discretio spirituum*. Cabe ao próprio sacerdote, portanto, uma vez que também for bem formado para compreender isso, ter a humildade de saber seus próprios limites e a fidelidade de encaminhar a pessoa em questão a alguém dotado do carisma da Direção Espiritual, para o bem de todos. Nesses casos, por exemplo, uma vez que o sacerdote constatou que existe uma causa mais profunda que acarreta determinado pecado, deve aconselhar a pessoa no que lhe diz respeito (quanto ao pecado em si) e instruí-la a buscar ajuda em outra pessoa, dotada do carisma, para ajudá-la a discernir junto do Senhor as causas deste problema cuja superfície se manifesta como matéria de confissão. Mais do que em outros aspectos, será necessário o exercício da humildade e do senso de Igreja-comunidade mais elaborado que o senso de Igreja-instituição. Caso contrário, as consequências podem ser danosas para todos os envolvidos, pois uma Direção Espiritual malfeita pode desencadear um efeito contrário ao desejado por quem a procura, podendo inclusive afastá-lo dele.

5) Como último acento da lista de G. Filoramo está a *Pastoral Vocacional*. Também ela pede que se realize a Direção Espiritual. Quando um(a) jovem se aproxima de determinado Instituto Religioso ou de um Seminário, traz no seu coração algum lampejo do chamado de Deus. Normalmente, tal vislumbre ou não é claro o suficiente ou pode ser uma confusão dos desejos do(a) próprio(a) jovem. Por isso, não se recebe um(a) candidato(a) à vida consagrada sem antes convidá-lo(a) a passar pelo processo de discernimento, que deve ser ao mesmo tempo individual e comunitário.

O(a) promotor(a) vocacional, uma vez procurado(a) pela pessoa que sente vocacionada, estabelecerá com a mesma um contato próximo, que começa pela escuta da história vocacional. Esta escuta deve ser ativa e respeitosa, como em qualquer dos outros aspectos já mencionados, mas tem um diferencial: ela possui margem concreta, que é o chamado de Deus. Não queremos dizer que outros aspectos da vida da pessoa não interessem, mas sim que eles não podem ter força igual ou superior ao centro vital da procura, a menos que nitidamente se perceba a preponderância que um desses aspectos tem sobre a pergunta vocacional. Por exemplo, se é perceptível que a procura pela vocação consagrada se dá em virtude de dificuldade afetiva (não conseguir namorado(a), dificuldade de relacionamento com outras pessoas, crise familiar etc.), é não somente possível, mas desejável que esse motivo sobressaia à busca vocacional para iluminar a pessoa em questão. Por isso, em algum momento a escuta precisará estender-se a todos os horizontes da vida do(a) consulente vocacional.

Se bem orientada, a pessoa vocacionada pode não somente responder generosamente ao Senhor, se se entende que de fato é um chamado de Deus, mas também se tornará alguém melhor, mais livre, consciente das próprias fraquezas, formada por um senso de eclesialidade mais espiritual, ou seja, não tão ligada às estruturas, mas à ação da graça de Deus, e assim poderá desenvolver sua vocação de forma mais amadurecida, tornando-se, no seio da Igreja, agente de comunhão a partir de seu lugar específico. Caso contrário, tal inquietação vocacional poderá acarretar buscas infindas por caminhos vocacionais diferentes, incapacidade de se relacionar franca e abertamente com os outros, inaptidão para viver os conselhos evangélicos, busca de favores e regalias vinculadas ao estado religioso. Estes venenos podem corroer não somente a experiência cristã da pessoa que não foi ajudada a descobrir sua vocação, como podem também desfigurar a identidade cristã daqueles que se relacionam com tal pessoa.

3.1.2. Outras modalidades de Direção Espiritual

Além dessas modalidades apresentadas por G. Filoramo, podemos ainda apresentar outras, dentre as quais podemos indicar:

1) Talvez a modalidade mais urgente na contemporaneidade seja a *Pastoral dos Noivos*.[179] Normalmente caracterizada pelos Encontros de Preparação à Vida Matrimonial (EPVM), deveria, no entanto, ser marcada primordialmente pelos contatos com os ministros religiosos, comumente chamados de entrevistas. Por determinação canônica, estas entrevistas acontecem com um ministro ordenado. Mas, somando-se a dimensão carismática à exigência canônica, poderia ser complementada por aqueles que receberam tal carisma, especialmente se forem pessoas casadas, que facilitaria o diálogo a respeito de um aspecto comum da vocação.[180] Por meio da conversa individualizada e esclarecedora sobre a nature-

---

179. FERNANDES, L. A., Evangelização e família, p. 303; GASQUES, J., No último banco, p. 79; GÓIS, J. D., Breve curso sobre os sacramentos, p. 97.

180. Não se nega que exista algum contato além daquele que acontece nas entrevistas. Este contato, porém, tende a ser predominantemente no estilo de palestras ou conferências, as quais, embora de

za do Sacramento do Matrimônio, o(a) diretor(a) espiritual tem a oportunidade única de conhecer a história pessoal de cada noivo e a história da união do casal, bem como de investigar as motivações pelas quais eles procuram se casar e casar na Igreja. Assim, poderia começar a empreender com os noivos uma jornada de autoconhecimento e de percepção da vontade de Deus, a fim de que a união selada no sacramento tenha profundidade espiritual.

Essa proposta não exclui, por isso, a importância dos EPVM, mas relega a eles a função de estabelecer outro vínculo com os casais, colocando-os diante de semelhantes, para trocarem experiências e para, juntos, aprenderem um pouco mais sobre o que a conversa particular não tem como objetivo aprofundar. A experiência pastoral demonstra que produz muito fruto a realização de pequenos círculos de partilha, porque oferece aos casais um espaço mais íntimo para a troca de experiências e ao mesmo tempo permite melhor assimilação de conteúdos importantes, além de favorecer a interatividade tão característica de nosso tempo.

Embora ideal, ainda é de se desejar que, no interior das comunidades cristãs, uma vez que se tenha notícia de que alguém deseja casar, começasse logo o processo de discernimento da concretização da vocação matrimonial, para fortalecer a consciência da seriedade que o mesmo compromisso requer da pessoa.

2) Um modelo específico de Direção Espiritual e que felizmente tem sido resgatado a partir da retomada dos passos enumerados pelo Ritual de Iniciação Cristã de Adultos (RICA) é o *pré-catecumenato*, realizado mediante o contato do catecúmeno com um *introdutor*. A respeito deste ministério específico, diz o RICA: "O candidato que solicita sua admissão entre os catecúmenos é acompanhado por um introdutor, homem ou mulher, que o conhece, ajuda e é testemunha de seus costumes, fé e desejo".[181]

Como será possível ao(à) introdutor(a) dar testemunho dos costumes, da fé e da vontade do(a) candidato(a) ao Batismo? Isso só será possível na medida em que vai acompanhá-lo(a) em seu caminho de aproximação da fé. Por isso, a respeito do ministério do introdutor, salienta o documento 107 da CNBB, sobre a Iniciação à Vida Cristã: "Os 'introdutores' fazem um acompanhamento personalizado, orientando os primeiros passos de quem deseja aproximar-se da fé cristã".[182] O(a) introdutor(a) é aquele(a) que se aproxima da pessoa, conversa com ela, ouve a sua história, e a ajuda a perceber os sinais de Deus, ao mesmo tempo que lhe

---

conteúdo teologicamente correto, acabam por ser generalizantes, não conseguindo descer à realidade concreta de cada casal, e mesmo de cada nubente em sua individualidade, no sentido do atendimento personalizado e processual no qual vimos insistindo neste livro.

181. RICA 42.

182. CNBB, Doc. 107, 160.

apresenta Jesus Cristo de forma simples e profunda, fazendo-lhe arder o coração (Lc 24,32). Depois desse estágio, feita a experiência do encontro com Jesus Cristo, a pessoa aderirá ao compromisso com a fé, passando ao estágio de catecúmeno.

De modo análogo, pode-se dizer que o processo continua a ser dialógico, mas queremos enfatizar esta primeira fase por ser ela a base fundamental sobre a qual se poderá construir. Nela, são acolhidos todos, sem exceção. Inclusive a exigência inicial de ser cristão – que aparece em primeiro plano quando se pensa em Direção Espiritual – desaparece, o que faz desta modalidade uma das mais desapegadas de todas, pois não se trata de caçar cristãos, mas de acolher a pessoa. Enfim, no diálogo entre introdutor(a) e candidato(a) ao Batismo compreendemos, plenamente, que Deus fala ao coração de todo aquele que O busca de coração sincero.

Este ministério também possui seus desafios, e são muitos. O primeiro deles é o tempo, pois para ser introdutor(a) é preciso gastar tempo com o(a) candidato(a), ter grande paciência para com seu processo de avanço que, normalmente, tende a ser lento. Nesta fase há muitas dúvidas, com uma grande mistura de elementos religiosos e superstições. Normalmente a pessoa vem carregada de suas impressões pessoais sobre a religião. Nada disso pode ser deixado de fora no processo de seu chamado à fé, se existe o desejo de realizar um trabalho sério de evangelização.

Outro desafio se encontra no quesito formação.[183] Este apresenta dois aspectos: o intelectual e o vivencial. No primeiro caso, trata-se de saber "dar as razões da esperança" (1Pd 3,15) sem medo e sem dúvidas ou conceitos imprecisos. No segundo caso, o vivencial, espera-se do(a) introdutor(a) maturidade na fé para ser capaz de, sem forçar a pessoa, ajudá-la a encontrar-se com o Senhor. Nada disso é simples, e por essa razão é difícil encontrar bons introdutores, capazes de realizar sua missão com fruto.

Por isso, em muitos lugares, ainda que com as melhores intenções, acaba-se por fazer o que chamamos de cursinhos da fé, ou seja, aulas de doutrina em preparação aos sacramentos, como se o problema fosse de ignorância religiosa ou desconhecimento doutrinal, quando na verdade se trata do efetivo encontro com Jesus Cristo e a comunidade eclesial. Quando isso acontece, o caminho para o encontro com Deus passa a ser visto como um conteúdo que deve ser assimilado intelectualmente, e, no nível da experiência, se limita a um modelo específico de espiritualidade, apresentado à pessoa como o melhor ou, na prática, o único modelo capaz de responder aos seus anseios.

---

183. CNBB, Doc. 107, 160.

Um terceiro desafio que se impõe é a mentalidade da comunidade. O trabalho de um(a) introdutor(a) precisa ser apoiado e estendido na experiência de uma *comunidade catecumenal*, ou seja, uma realidade na qual vida comunitária e iniciação cristã se inter-relacionem:

> A estreita relação entre o itinerário catecumenal e a comunidade eclesial se manifesta em dois momentos que se complementam e se alimentam mutuamente: primeiro, a iniciação encontra na comunidade eclesial seu ambiente próprio; ela é a atmosfera na qual o discípulo missionário de Jesus nasce e se fortalece. Em segundo lugar, a comunidade é também a meta a ser atingida pela iniciação: o itinerário catecumenal educa para a vida de fé na comunidade, alimenta-a e renova. A comunidade é ajudada pelo itinerário catecumenal para crescer na fé e, ao mesmo tempo, exerce a "função maternal" de gerar novos filhos.[184]

Sem essa experiência, a de um grupo de irmãos que apoia não somente o esforço do(a) introdutor(a), mas a maturação da fé do(a) candidato(a), pode-se dizer que o trabalho não consegue chegar a seu termo satisfatoriamente. Enquanto se compreender que o processo de Iniciação Cristã é apenas uma pastoral,[185] enquanto grupo que presta determinado tipo de serviço, dificilmente conseguiremos evangelizar de modo efetivo.

Neste sentido torna-se urgente pensar na reevangelização dos batizados. Recorda Bento XVI: "os batizados não suficientemente evangelizados são facilmente influenciáveis, pois possuem uma fé fragilizada e muitas vezes baseada num devocionismo ingênuo".[186] Então, é preciso que a atitude catecumenal permeie toda a ação da Igreja, assim como a liturgia, a preocupação social, a acolhida às famílias etc.

3) Entre outros modelos existentes em nível mais pessoal, destacamos neste momento o da *Leitura Orante da Bíblia*. A partir da animação bíblica da pastoral, conceito difundido pelo Documento de Aparecida,[187] tem sido enfatizado que a Bíblia deve estar cada vez mais presente na vida e na oração dos

---

184. CNBB, Doc. 107, 111.

185. "[A Iniciação Cristã] não se trata, porém, de uma pastoral a mais, e sim de um eixo central e unificador de toda a ação evangelizadora e pastoral. Tem como objetivo a formação inicial e, ao mesmo tempo, permanente do discípulo missionário de Jesus Cristo, para viver e anunciar a fé cristã no coração da civilização em mudança" (CNBB, Doc. 107, 76).

186. BENTO XVI, PP., Discurso aos Prelados da Conferência Nacional dos Bispos do Brasil (Regional Nordeste 3) em visita *Ad Limina Apostolorum*.

187. DAp 99a.

fiéis.[188] Assim, felizmente tem crescido o gosto pela leitura das Sagradas Escrituras, mediante a formação de grupos de Leitura Orante, uma recuperação da prática da *Lectio divina* que havia ficado, assim como a Direção Espiritual, relegada aos mosteiros. Embora, em muitos casos, a Leitura Orante seja realizada em grupos, a comunicação de Deus é feita *recto tramite*, sem mediações, à pessoa, naturalmente não sem o cuidado e a supervisão da Igreja,[189] para não incorrer no risco da livre interpretação. Por isso, assim como na liturgia, os textos são selecionados e oferecidos como alimento à espiritualidade dos fiéis.

Como já mencionado, o diferencial desta modalidade de Direção Espiritual, aqui compreendida *lato sensu*, é que nela o Senhor fala diretamente ao coração dos seus filhos, de forma individual, pois, mesmo que, quando em grupo, a reflexão da Palavra possa ser partilhada, a experiência é pessoal. O ideal é que, uma vez feita a experiência e tendo sido partilhada com os irmãos de seu grupo, ela possa ser levada para o encontro de Direção Espiritual, a fim de que a pessoa seja ajudada a não ficar apenas com a inteligibilidade da passagem no coração, mas seja ajudada a perceber que moção tal palavra causou em sua vida, assim como acontece na contemplação realizada nos Exercícios Espirituais inacianos:

> A pessoa que dá a outrem modo e ordem para meditar ou contemplar, deve narrar fielmente a história dessa contemplação ou meditação. [...] Porque, quando a pessoa que contempla toma o fundamento verdadeiro da história, discorre e raciocina por si mesma, e acha alguma coisa que faça declarar um pouco mais ou sentir a história, quer pelo próprio raciocínio quer porque o entendimento é iluminado pela força divina, é-lhe de mais gosto e fruto espiritual do que se quem dá os exercícios explicasse e desenvolvesse muito o sentido da história; porque não é o muito saber que sacia e satisfaz a alma, mas o sentir e gostar as coisas internamente.[190]

4) É importante também mencionar uma modalidade mais explicitamente comunitária de contato com a Palavra de Deus, a dos *Círculos Bíblicos* e de outros *grupos de reflexão*. Com dinâmica similar à dos grupos de Leitura Orante, a pedagogia desses grupos de reflexão mescla a leitura da Palavra com algum fato da

---

188. "Entende-se por *animação bíblica* de toda a pastoral a busca consciente e contínua de ter a Sagrada Escritura como *alma da missão evangelizadora da Igreja*" (CNBB, Doc. 97, 32).

189. "As dioceses e paróquias facilitam o acesso a subsídios apropriados para que as comunidades possam se reunir em torno da Palavra de Deus, por meio da Leitura Orante. Ela garante uma pedagogia interativa, da qual todos podem participar e nela crescer, fortalecendo a formação continuada, a caridade e a formação da consciência crítica" (CNBB, Doc. 97, 181).

190. EE 2.

vida que sirva de ilustração para que cada um se coloque diante da mesma Palavra e veja como é possível concretizá-la em sua vida.

Apesar de esses grupos terem a necessidade de um(a) animador(a), o(a) mesmo(a) não faz o papel de diretor(a) espiritual, mas sim de motivador(a) do grupo para que responda com generosidade e profundidade ao que o texto bíblico propõe. Estes encontros não se encerram sem um momento de oração, onde a Palavra passa da mente para o coração, e não raro culminam em um gesto concreto, para que a Palavra se torne concretude não somente na vida pessoal, mas também e especialmente na vida da comunidade e na caridade social.

É neste modelo que muitas comunidades realizam a Novena do Natal em Família e os encontros de reflexão da Campanha da Fraternidade. Com formato parecido, há outros grupos, como as Oficinas de Oração e Vida, os grupos de Meditação Cristã, as Equipes de Nossa Senhora (movimento voltado para casais), e outros. Pode-se dizer que são expressões da modalidade comunitária de Direção Espiritual. Em todos esses casos, a grande Diretora Espiritual *lato sensu* é a Palavra de Deus.

5) Há ainda o modelo das pequenas *células* que reúnem candidatos e membros das *Novas Comunidades*, locais onde se experimenta, pessoal e comunitariamente, a ação da Palavra de Deus na vida e na comunidade que se reúne sob um determinado carisma. Além disso, as Novas Comunidades são, de certa forma, pioneiras na implantação do modelo tradicional de Direção Espiritual em nossos dias, escolhendo e preparando leigos e leigas que possuem o carisma para exercerem essa missão no seu próprio seio.

Concluindo este ponto, é importante dizer: são muitas as formas pelas quais a metodologia da Direção Espiritual chega até nós hoje. Cada uma delas traz uma feição peculiar e ao mesmo tempo muito especial desta forma de encontro com Deus. Sem procurar qual delas é a melhor ou mais adequada, cada um deve buscar a que lhe toca mais profundamente, e contrabalançá-la com o extremo equidistante, a saber: se alguém se sente mais identificado com os modelos pessoais, deve alimentar em sua vida uma prática voltada para a comunidade. Por sua vez, se alguém é motivado pela metodologia comunitária, deve procurar criar espaço para a interiorização da voz de Deus no seu coração. Dessa forma, não corremos o risco de viver nossa vocação de forma estanque e excludente, em que o individual nega o comunitário e vice-versa, mas unida ao Senhor e aos irmãos e irmãs.

3.2. A arte de escutar

Bento XVI nos recorda que, para São Gregório Magno, o cuidado das almas deve ser exercido com máximo zelo, porque é a *ars artium*.[191] Naturalmente, considerando que uma das finalidades da Direção Espiritual é a *cura animarum*, o mesmo se pode dizer a seu respeito. Não sem razão, a Direção Espiritual é chamada por M. Guenther de arte,[192] pois como sua base fundamental é a escuta, e não se trata de pouca coisa, pois é uma tarefa árdua. Exercitar-se nela é como aprender e desenvolver uma arte. Neste item consideraremos brevemente em que consiste a escuta, causa eficiente da Direção Espiritual.

Em termos gerais, podemos distinguir as operações ouvir e escutar, como fazem P. Hanmer e M. C. A. V. Junqueira:

> Ouvir, para nós, significa entender, perceber os sons pelo sentido do ouvido, da audição. Ou seja, refere-se ao sentido da audição. Ouvir é usar naturalmente um órgão biológico do nosso corpo que não exige raciocínio. Escutar exige atenção, exige a utilização de grande parte dos nossos canais sensoriais. Exige estar totalmente presente, observar a expressão do rosto da pessoa que nos fala, perceber o tom da sua voz e captar o que realmente está por detrás de um simples som ouvido.[193]

A partir desta distinção, entendemos que certamente o *instrumentum laboris* da Direção Espiritual é a escuta. Como já tivemos oportunidade de observar, escuta não significa passividade, mas um exercício de contenção, para não interferir no processo de autocomunicação do outro. O escutador precisa desenvolver um bom nível de autocontrole para estar aberto ao ser do outro.

Paralelamente, dentro da dinâmica autopossessão-autotranscendência, só será capaz de bem escutar os outros quem se conhece por meio da autoescuta. Uma pessoa que não tenha escutado a si mesma ainda sentirá a necessidade de falar de si, e a escuta se tornará oportunidade para expressar sua interioridade, tornando-se mera audição. Na verdade, estará apenas *ouvindo* o outro, esperando o momento de se colocar, de tecer suas conclusões, de dizer algo:

> Parafraseio o Alberto Caeiro: "Não é bastante ter ouvidos para se ouvir o que é dito. É preciso também que haja silêncio dentro da alma". Daí a dificuldade: a gente não aguenta ouvir o que o outro diz sem logo dar um pal-

---

191. BENTO XVI, PP., Audiência Geral. 4 de junho de 2008; PLUS, R. La Direzione Spirituale, p. 16.
192. GUENTHER, M., Holy Listening, p. 1.
193. HANMER, P.; JUNQUEIRA, M. C. A. V., Escutar, p. 20.

pite melhor, sem misturar o que ele diz com aquilo que a gente tem a dizer. Como se aquilo que ele diz não fosse digno de descansada consideração e precisasse ser complementado por aquilo *que a gente tem a dizer,* que é muito melhor. [...] Nossa incapacidade de ouvir é a manifestação mais constante e sutil da nossa arrogância e vaidade: no fundo, somos os mais bonitos...[194]

Igualmente, para escutar o outro é preciso exercitar-se primeiro na escuta de Deus. Ele é um mistério que só se descortina quando damos a Ele a devida atenção. Encontrar o mistério de Deus dentro de si mesmo é uma tarefa árdua e diuturna que, se for negligenciada, não tornará a pessoa capaz de escutar. Portanto, a primeira lei da escuta é o dever de silenciar.

Quando silenciamos, a voz interior se torna audível. Na verdade, ela nunca deixa de falar, mas se manifesta aos sussurros. Logo, o mais sutil movimento exterior tira a atenção da voz interior, e o foco se volta para outras coisas, abafando a voz de Deus. E sem escutar a Deus, escutamos somente a nós mesmos.

Por isso, escuta e silêncio exigem vigilância constante. A mente não para de trabalhar, mas não o trabalho árduo do constante apelo à reflexão, à revisão, ao controle. É, antes, o trabalho do conter-se, do contrariar-se, do não se dar atenção. E nosso íntimo clama nossa atenção o tempo inteiro. Aprender a não julgar é uma luta interior que só é possível vencer pela vigilância. Esta é a *escuta ativa.*[195]

De certa forma, escutar é também repouso. Para escutar, é preciso exercitar uma certa dose de suspensão de juízo. Como não é possível realizar isso plenamente, ajuda, em vez de pensar sobre o que o outro está dizendo, exercitar, não sem grande esforço, nosso espírito a pensar: "Estou aqui para escutar o outro, colher cada palavra que ele está dizendo, surpreender-me com sua vida".

Se a escuta for silenciosa por muito tempo, tenderá a cair no desinteresse. Por isso, uma boa técnica para reforçar a capacidade de escutar é, de tempo em tempo, interromper a fala do outro e contar a ele as impressões que se está tendo a partir do que ele disse: precisar melhor um conceito, desenvolver um raciocínio, fazer uma afirmação interrogativa, mas sempre a partir daquilo que o outro quis expressar, sem jamais ferir sua consciência com interpretações pessoais. Quem escuta renuncia ao direito de pensar por si. Só se dá o direito de compreender os termos nos quais o outro está se expressando, ainda que com suas próprias palavras.

Quem escuta, exercita o silêncio e aguça os outros sentidos. Escutar amplia, por exemplo, o olhar. Assim, aquele que escuta se torna mais atento a outros sinais. Dessa forma, pode voltar-se mais coerentemente para aquele que fala, perce-

---

194. ALVES, R., O amor que acende a lua, p. 67.
195. BRETON, P., Argumentar em situações difíceis, p. 31; SZENTMÁRTONI, M., Caminhar juntos, p. 61.

bendo suas necessidades. É o que designamos por *comunicação não verbal*.[196] Por exemplo, a pessoa pode dizer "não preciso de ajuda", mas estar revelando, pelo seu comportamento, outra coisa. Quem escuta, uma vez atento a muito mais do que palavras, perceberá que, por trás do discurso, existe um pedido de socorro velado. Tomemos como exemplo a passagem na qual o diácono Filipe exerceu a Direção Espiritual com o eunuco, ministro da rainha Candace:[197]

> Filipe correu e ouviu que o eunuco lia o Profeta Isaías. Então perguntou-lhe: "Entendes o que lês?" "Como o poderia, disse ele, se ninguém me explicar?" [...] Abrindo então a boca, e partindo deste trecho da Escritura, Filipe anunciou-lhe a Boa-nova de Jesus (At 8,30-31.35).

Antes mesmo de propor o querigma, Filipe, movido pelo Espírito Santo, considerou a situação na qual se encontrava seu interlocutor. Só então, falou, baseado na escuta atenta. Dessa forma, pôde oferecer uma ajuda eficaz para o eunuco e assim anunciou-lhe o Evangelho de forma concreta.

Resumidamente, podemos dizer que a escuta é a ação primordial do(a) diretor(a) espiritual. Sem ela, podemos falar em pregação, aula, instrução, mas não em Direção Espiritual propriamente dita. A Direção Espiritual é uma obra feita a seis mãos, na qual as duas primeiras mãos são necessariamente as de Deus, que atrai o(a) dirigido(a) para si. Em seguida, começa-se a plasmar a partir das mãos do(a) próprio(a) dirigido(a). As últimas mãos a trabalhar nessa obra são as do(a) diretor(a), que, colhendo as marcas que Deus imprimiu na vida do(a) dirigido(a), se propõe humildemente a ajudar na confecção, especialmente a partir da escuta e da experiência do(a) dirigido(a).

3.3. O sentido da Paternidade Espiritual

O que hoje chamamos de Direção Espiritual foi denominado, durante certo tempo da história, de *Paternidade Espiritual*, mediante razões justas. À medida que procurava ajuda, um discípulo se submetia à experiência de um mestre que, pela força do Espírito Santo, amadurecia nele a imagem que Deus havia começado a plasmar, mas que, sem a ajuda de outro, não seria possível concluir. São Paulo tem consciência de que esta é a sua missão ao dizer: "Com efeito, ainda que tivés-

---

196. DIMBLEBY, R.; BURTON, G., Mais do que palavras, p. 59; GIRARD, V.; CHALVIN, M. J., Um corpo para compreender e aprender, p. 53; SILVA, M. J. P., Comunicação tem remédio, p. 45.

197. Esta mesma passagem, embora ampliada, é utilizada pelo Documento 97 da CNBB para descrever o processo da animação bíblica da pastoral (CNBB, Doc. 97, 36-66).

seis dez mil pedagogos em Cristo, não teríeis muitos pais, pois fui eu quem pelo Evangelho vos gerou em Cristo Jesus" (1Cor 4,15).

No entanto, existe um problema teológico, ao menos aparente: considerar alguém como pai não contraria a advertência de Jesus: "A ninguém na terra chameis 'Pai', pois só tendes o Pai Celeste" (Mt 23,9)? Qual, seria, então, o sentido de chamar de *abba* a um ser humano?

Rigorosamente, só Deus pode ser chamado de Pai, conforme dito por Jesus.[198] Contudo, como observa M. Packwa,

> um exame do Novo Testamento mostra "pai" como um título aplicado a Deus, aos antepassados de Israel, aos pais de família, aos líderes judeus, aos líderes cristãos e até ao diabo (o pai das mentiras). Todos os livros do Novo Testamento, exceto 3Jo, usam a palavra "pai" pelo menos uma vez.[199]

As raízes da chamada paternidade espiritual são ainda mais profundas e antigas. Segundo Y. H. Saadeh e P. H. Madros, "a paternidade espiritual está profundamente ancorada na mentalidade e na psicologia semítica e oriental. Uma pessoa idosa se dirige aos jovens chamando-os de 'filhos' e de 'filhas'".[200] Analogamente, diz-se do uso que se dá à palavra pai na expressão 'Padres da Igreja': "O conceito de 'Padre', seja em sentido particular, seja em sentido coletivo, que se impôs na Igreja dos primeiros séculos refere-se, pois, àqueles que, no nível da fé ou da disciplina, cunharam a vida da comunidade católica".[201] Portanto, no âmbito judaico-cristão, não há dificuldade teológica em compreender o sentido de chamar um ser humano de pai, pois trata-se de alguém que, pela ação do Espírito Santo, analogicamente gera na pessoa uma nova vida, a vida na graça de Deus:

> Para dizê-lo com um termo bíblico, é como se um nome novo lhe fosse revelado, mas o qual ela [a pessoa] sente, imediatamente, que é o seu nome verdadeiro, posto que se reconhece nele; um nome que não é conhecido senão por ela e por aquele que o pronunciou sobre ela. Trata-se de uma espécie de regeneração, de um nascimento à única vida verdadeira. É provável que seja por causa da violência de uma tal revolução, experimentada muito concretamente, que todas as primeiras gerações cristãs, desde São Paulo, e após ele as comunidades monásticas, não hesitaram em introduzir o vocá-

---

198. LADARIA, L. F., O Deus vivo e verdadeiro, p. 68.
199. PACKWA, M., Call no man father?
200. SAADEH, Y. H.; MADROS, P. H., Fé e Escritura, p. 211.
201. PADOVESE, L., Introdução à Teologia Patrística, p. 19.

bulo da paternidade e da maternidade, e isso malgrado uma advertência muito explícita do Evangelho a este respeito.[202]

O problema a que Jesus alude em seu discurso é de outra ordem, referindo-se à idolatria, quando se entende por pai alguém que toma o lugar do próprio Deus: "Em Mt 23, Nosso Senhor nos proíbe de chamar qualquer um de mestre, pai ou guia se esse título diminuir nossa dependência de Deus".[203] A partir daí, compreendemos que, se alguém tem a missão de ajudar os outros a reconhecer a paternidade de Deus e a ser submissos a Ele, não há problema em chamá-lo de pai, como aliás o próprio Apóstolo Paulo fez consigo mesmo, como vimos.

Já quando aplicamos o conceito de paternidade em sentido antropológico encontramos alguma dificuldade. Existe uma crise de paternidade[204] que pode ser compreendida de duas maneiras:

a) por um lado, a dificuldade de o ser humano contemporâneo aceitar submeter-se a uma figura paterna em virtude de sua autonomia. Com o derretimento dos sólidos, nasceu uma grande desconfiança de tudo que possui caráter institucional, como se tais realidades fossem opressoras ou castradoras. Dessa forma, temos uma geração órfã por opção. Esta orfandade se sustenta também pelo fato de as próprias instituições, outrora detentoras do poder de reger a vida de seus afiliados, não terem conseguido se reerguer depois do derretimento de suas bases, e acabaram perdendo, por isso, sua capacidade paterna. Assim, temos filhos que não querem ter pais e pais que não sabem exercer sua paternidade;

b) por outro lado, uma vez que ninguém pode viver isolado dessa necessidade básica, os órfãos acabam por procurar refúgio em alguém ou em alguma circunstância que lhes tirem a angústia de estar sozinhos, de sua vida não ter sentido, mesmo que, para isso, precisem se render e assumir, ainda que veladamente, uma postura de obediência cega e de adesão fanática. É nessas ocasiões que aparecem, no campo religioso, os *padrastos espirituais*.[205] Embora tratando de outra circunstância, é emblemática a parábola contada por Joatão, quando proclamaram Abimelec rei:

> Todos os habitantes de Siquém e os de Bet-Melo se reuniram junto a um carvalho que havia em Siquém e proclamaram rei a Abimelec. Informado

---

202. LOUF, A., Mais pode a Graça, p. 65.

203. PACKWA, M., Call no man father?

204. MENDIZÁBAL, L., Dirección Espiritual, p. 7.

205. A palavra "padrasto" aqui é utilizada no sentido literal, ou seja, indicando aquele que, sem ser o pai, faz as suas vezes. A conotação negativa recai sobre a locução *padrasto espiritual*, designando aquele que assume para si a responsabilidade de pai espiritual sem sê-lo efetivamente.

disso, Joatão foi postar-se no cume do Monte Garizim e se pôs a gritar em alta voz, dizendo: "Ouvi-me, moradores de Siquém, e que Deus vos ouça. Certa vez, as árvores resolveram ungir um rei para reinar sobre elas, e disseram à oliveira: 'Reina sobre nós'. Mas ela respondeu: 'Iria eu renunciar ao meu azeite, com que se honram os deuses e os homens, para me balançar acima das árvores?' Então as árvores disseram à figueira: 'Vem e reina sobre nós'. E ela lhes respondeu: 'Iria eu renunciar à minha doçura e aos saborosos frutos, para me balançar acima das outras árvores?' As árvores disseram então à videira: 'Vem e reina sobre nós'. E ela lhes respondeu: 'Iria eu renunciar ao meu vinho, que alegra os deuses e os homens, para me balançar acima das outras árvores?' Por fim, todas as árvores disseram ao espinheiro: 'Vem tu reinar sobre nós'. O espinheiro respondeu-lhes: 'Se deveras me constituís vosso rei, vinde e repousai à minha sombra; mas se não o quereis, saia fogo do espinheiro e devore os cedros do Líbano!'"[206]

Ainda assim, a paternidade espiritual continua a ser uma necessidade real que, uma vez sentida, e experimentada sua verdadeira face, o ser humano perceberá que os argumentos em contrário não se estabelecem, pois não se trata de ligação com qualquer valor institucional, ou de vincular o dom às circunstâncias pessoais do indivíduo. Logicamente que se espera daquele que recebeu este dom coerência e testemunho, mas suas fraquezas, embora possam manchar, não são capazes de apagar o dom, nem de desmerecer a ação da graça de Deus que se utiliza de frágeis instrumentos para comunicar a força do seu amor (2Cor 12,9). Como recorda A. Louf,

> é o "Cristo em nós, esperança da glória", que é, finalmente, o objeto essencial do acompanhamento espiritual, Ele que é, ao mesmo tempo, o único verdadeiro acompanhante. Já a comunidade cristã primitiva era consciente disto.[207]

Os pais espirituais são, nesse sentido, vinculados a Cristo, com Ele e nele são sacramentos do Pai,[208] sinais visíveis daquele que ninguém jamais viu (Jo 1,18; Cl 1,15) e instrumentos do seu amor inefável, comunicado a nós por meio de palavras e gestos humanos, os quais somos capazes de compreender e assimilar.

Quando tratamos do tema da paternidade/maternidade espiritual, é preciso ainda ter em mente que esta qualidade de relação *transcende a questão de gênero*, porque não falamos do nível biológico, mas sobrenatural. Obviamente, os termos

---

206. Jz 9,6-15.
207. LOUF, A., Mais pode a Graça, p. 54.
208. DP 921.

se referem em primeiro lugar ao plano natural, ou seja, ao gênero biológico do(a) diretor(a), e este é o uso mais comum da expressão paternidade/maternidade. No entanto, partindo da afirmação paulina "não há judeu nem grego, não há escravo nem livre, não há homem nem mulher; pois todos vós sois um só em Cristo Jesus" (Gl 3,28), compreendemos, como observa G. Bunge, que

> dependendo do contexto, o Cristo pode ser designado tanto de pai como de mãe: como pai daqueles que têm espírito de filiação, mas como mãe daqueles que ainda necessitam de leite e não conseguem digerir alimentos sólidos. Assim era o Cristo que falava em Paulo que se tornou pai dos Efésios, revelando a eles os mistérios da sabedoria, mas se tornou mãe dos Coríntios, "alimentando-os com leite".[209]

Ainda a este respeito, recorda A. Louf:

> A terminologia empregada pelos antigos para designar a relação de acompanhamento espiritual mostra bem a que ponto eles consideravam como uma das formas privilegiadas da relação humana. Do guia espiritual, Kierkegaard disse um dia que era "mais que um amigo". Quando Dante esboçou o retrato idealizado do guia sob os traços de Virgílio, de Beatriz e finalmente de S. Bernardo, dirá do primeiro que é "mais que um pai". No vocabulário budista, o termo "lama" significa: "mãe incomparável".[210]

Por sua vez, G. Ziegler, analisando a postura das Mães do Deserto, afirma:

> O fato de que virtudes como coragem, força, conhecimento ou perseverança *a priori* foram referidas como "masculinas", e de que as mulheres que delas podiam se gabar eram referidas como "homens", decorreu naturalmente de que tais virtudes eram louvadas em obras literárias que glorificavam ações realizadas por homens. O que as Mães do Deserto realizaram consistiu em romper a identificação entre sexo biológico e energia espiritual. Uma vez que não tomaram para si o parâmetro segundo o qual somente os homens seriam fortes, de certa forma se reconciliaram consigo mesmas. Desta forma, chegaram a uma conciliação autoconsciente com os homens, contra os quais não tinham mais que lutar. Sabiam também que a alma, seja de um homem ou de uma mulher, diante de Deus, é sempre estreita demais, fraca demais, pequena demais para captar sua grandeza.[211]

---

209. *Apud* GRÜN, A., A orientação espiritual dos Padres do Deserto, p. 14.
210. LOUF, A., Mais pode a Graça, p. 64.
211. ZIEGLER, G., Madri del deserto, p. 140.

Nesse sentido, ser pai/mãe espiritual, é muito mais do que conter características biológicas ou psicológicas específicas. É antes de tudo uma atitude *espiritual* perante o(a) filho(a), devendo aplicar-se a assumir para com ele(a) a atitude que mais convém às suas necessidades, à semelhança do amor paterno-materno de Deus.[212] Deverá, para tanto, desenvolver características psicológicas e espirituais, apoiado(a) certamente na ação do Espírito Santo.

3.4. Direção Espiritual como educação para a alteridade

Depois de percorrer o caminho que nos apresentou diversas modalidades nas quais a Direção Espiritual se desdobra em nossos dias, assim como depois de aprofundar alguns temas pertinentes à sua prática, voltemos nosso olhar, neste momento, para o modelo original da Direção Espiritual, o modelo clássico, reconhecendo nele características que o configurem como um método eficaz de educação para a alteridade.

Conforme vimos no segundo capítulo, o ser humano contemporâneo se caracteriza por uma grande incerteza: está desarticulado historicamente, tem ideologia fragmentada e anseia por um sentido novo para a imortalidade. Por conta dessa desarmonia interior, vive segundo seus próprios critérios e não confia mais no poder das instituições. O que resta é confiar em si mesmo e viver segundo seu próprio arbítrio. Dificilmente alguém tão impactado pelo contexto atual se sentirá à vontade com os modelos de comunhão e de fraternidade propostos pela Igreja, a partir da dimensão institucional predominantemente, ainda que sua finalidade seja fixar sua atenção na vida eterna.[213]

Não sem razão, a própria Igreja, olhando para a estrutura na qual está alicerçada, propôs a conversão pastoral[214] como forma de desinstalar-se de sua segurança para procurar alcançar não somente os que não aderiram a Cristo, mas também para chamar a si os que a Ele aderiram, embora prefiram viver sua religiosidade sem a mediação da Igreja.

Um dos desafios à evangelização hoje é a proposição de valores, pois, para o ser humano contemporâneo, o que importa são as próprias convicções. Desse modo, convencer alguém sobre a importância de viver os mandamentos, de assumir compromissos na vida eclesial, de se preocupar com ações concretas e reali-

---

212. FRANCISCO, PP., Meditazione mattutina nella Cappella della *Domus Sanctae Marthae*.
213. NOUWEN, H. J. M., O curador ferido, p. 29.
214. DAp 370.

zá-las em favor dos pobres é algo praticamente impossível, a menos que a pessoa esteja convencida por si mesma da importância desses valores.

Por outro lado, essa desconfiança para com tudo que é institucional e, por conseguinte, também para com a Igreja, não desencadeou, como se esperava, uma onda crescente de ateísmo e agnosticismo, pois mesmo a Ciência, em certo aspecto, foi colocada sob suspeita, pelo fato de também ela ter caráter institucional. O que se observa é a busca constante por diferentes espiritualidades, cujas matrizes servem de matéria para a construção de formas individualizadas de experiência do transcendente. Como já tivemos oportunidade de observar, muitos dos que vivem uma determinada experiência religiosa institucional – por exemplo, católica, evangélica, espírita – o fazem *ad libitum*. Outros não praticam nenhuma expressão religiosa, embora conservem o senso de espiritualidade. Outros, ainda, praticam expressões minoritárias, ou forjam sua própria experiência religiosa, agregando elementos aprendidos de um e de outro lugar.

Diante da primazia do eu, como falar em nós? Se, inclusive nas expressões religiosas institucionais, se enfatiza o fator individual, de modo que muitos de seus membros já não pratiquem uma espiritualidade de comunhão, mas sejam consumidores de um mercado religioso sem aderir a compromissos com uma comunidade, que tipo de pastoral será capaz de atender à demanda deste ser humano contemporâneo?

Uma breve observação da realidade demonstra que, ao passo que o efetivo de pessoas para integrar os grupos pastorais decresceu, tem aumentado uma procura constante por orientação, conselhos, ou simplesmente para ser escutado. Há pessoas que, mesmo sem participação efetiva na vida de uma comunidade, procuram o Sacramento da Reconciliação como forma de desabafo existencial e partilha da vida. Há necessidade de ser escutado, de ouvir um conselho, de encontrar paz para os conflitos interiores, de (re)orientar o seu proceder. Mesmo sem a consciência do que buscam, estas pessoas, individualizadas pelas circunstâncias da vida contemporânea, desejam viver a graça da alteridade, da comunicação, da comunhão pessoal, fim para o qual tende a vida humana.

Por isso, acreditamos que a Direção Espiritual pode ser um caminho eficaz, tanto na conversão pastoral da Igreja como no processo de reorientação do ser humano contemporâneo para a vida em comunhão, realizando assim a vontade de Deus. Entre outros caminhos pastorais, é um dos que mais se adaptam ao ritmo de vida atual, porque se trata de receber a pessoa na situação em que se encontra, e de ajudá-la, no seu ritmo e na medida de sua abertura, a ressignificar os aspectos da vida na direção que o Senhor deseja para cada ser humano.

3.4.1. Esclarecimentos e condições prévias à Direção Espiritual

Embora reconhecendo o valor da Direção Espiritual, é ainda necessário esclarecer alguns pormenores antes de aprofundar o mecanismo de ajuda ao ser humano contemporâneo.

1) *O nome.* A designação Direção Espiritual é mais ou menos familiar em ambiente eclesial,[215] mesmo com variantes. O perigo sempre reside na literalidade da expressão, pois ambas as palavras têm significados fortes isoladamente. Colocadas juntas, podem gerar interpretação equivocada. Apesar disso, utilizar o nome clássico facilita a compreensão da prática à qual nos referimos. Sempre é útil, à guisa de esclarecimento, precisar o conceito com a pessoa que procura ajuda. Cremos ser plausível a definição dada por W. Barry e W. Connolly:

> Definimos, portanto, a direção espiritual cristã como a ajuda dada por um cristão a outro, ajuda essa que capacita este outro a prestar atenção à comunicação pessoal de Deus com ele, a responder a esse Deus pessoalmente comunicante, a aumentar a sua intimidade com ele e a viver as consequências desse relacionamento.[216]

Portanto, esclarecer a quem procure a Direção Espiritual tendo em mente outro conceito parece ser um bom começo de entendimento para o trabalho que será feito em comum.

2) *Os acordos.* Em se tratando de alguém consciente do processo que solicita, é importante estabelecer alguns acordos iniciais, entre os quais: a frequência (que deve ser, na medida do possível, facultativa),[217] a duração do encontro, o pacto de confidencialidade e o empenho pessoal do(a) dirigido(a) na busca que se propõe a fazer, recordando que o papel do(a) diretor(a) é apenas facilitador.

3) *A disponibilidade.* Um(a) pai/mãe espiritual deve sempre estar atento(a) às necessidades de seus filhos, inclusive para saber quando deve se ocultar do

---

215. Aqui, o termo "eclesial" não se refere somente à Igreja Católica, mas às experiências comunitárias em torno da religião em geral. Ainda que com outros títulos, a prática é semelhante. Devido à mistura de conceitos e práticas religiosas do mundo contemporâneo, pode acontecer de a pessoa não saber como pedir a ajuda de que necessita, mas quem recebe o pedido normalmente consegue entender do que a pessoa precisa ou o que ela deseja.

216. BARRY, W. A.; CONNOLLY, W. J., A prática da Direção Espiritual, p. 22.

217. Entendemos por *facultativa* a possibilidade de o(a) dirigido(a) imprimir um ritmo adaptado às suas necessidades e agenda. No início do processo, é natural que ele(a) não tenha maturidade suficiente para decidi-lo sozinho(a). A ideia, no entanto, é que, com o passar do tempo, seja capaz de assumir esta responsabilidade. Enquanto não estiver maduro(a) para tal, o(a) diretor(a) assuma esse papel, combinando, de forma respeitosa, a periodicidade que julgar mais conveniente: "No início é muito valioso determinar também a frequência dos encontros, que podem ser semanais, quinzenais, mensais e depois mais raros ainda, para não criar dependência" (SCIADINI, P., A pedagogia da Direção Espiritual, p. 158).

processo. Portanto, deve se dar aos seus filhos com justa medida, para não correr risco ou de querer assumir o processo de caminhada do mesmo (transferência), ou de estabelecer um vínculo que extrapole o saudável contato necessário, como, por exemplo, tornando-se amigo do(a) filho(a) espiritual. Esta simbiose em geral é mais negativa que benéfica. Supõe-se que, sendo a parte mais madura da relação estabelecida, o(a) pai/mãe saiba impor os limites para a boa convivência e para a reta condução do processo.

4) *A autoridade*. Diferentemente do que se possa deduzir a partir da definição precedente, o(a) diretor(a) possui autoridade sobre seu(sua) dirigido(a). Contudo, trata-se da autoridade discreta. Deve exercê-la com muita simplicidade e em virtude da necessidade. Sendo possível, coloque-se ao lado dele(a),[218] crendo na ação do Espírito Santo sobre sua vida. Porém, sendo necessário, aplique as medidas cabíveis para recuperar o que porventura possa estar se extraviando. Ainda assim, evite o máximo interferir na experiência pessoal do(a) dirigido(a), principalmente se não for solicitado(a) para dar conselhos ou julgar alguma situação, exceto em casos excepcionais, como, por exemplo, uma desvirtuação doutrinal ou moral.

3.4.2. Características da Direção Espiritual

Apresentamos agora algumas características da Direção Espiritual que, segundo nosso entendimento, podem ajudar o ser humano contemporâneo:

1) *Incondicionalidade*. Cremos que a modalidade de acolhida pastoral seja bem adaptada ao estilo de vida atual, porque *recebe a pessoa sem nenhum pré-requisito*. Como não é um sacramento, não há condições essenciais para que a pessoa se aproxime de um(a) pai/mãe espiritual. Pode ser até um(a) pagão(ã), como acontece no caso do contato com os introdutores no processo de Iniciação Cristã. Essencialmente, a pessoa se aproxima de alguém para uma conversa. Também não há exigência quanto à matéria da conversa.

2) *Responsabilidade*. Por questões evidentes, cremos que uma pessoa que procure um(a) diretor(a) espiritual o faça porque, de alguma forma, vincula sua dúvida/angústia/situação existencial ao sobrenatural, e espera encontrar apoio em uma autoridade para pensar ou agir de uma determinada forma, em parte já formulada por si mesma. Ou então, sentindo-se desorientada, procura obter

---

218. "[O mestre] não dirige os passos de seu discípulo, dando-lhe ordens de longe. Caminha com ele, como se não tivesse outra preocupação senão acompanhá-lo. Está mais atento àquele que dirige do que a si próprio e aos seus próprios desejos. [...] Esta atitude de acompanhamento é absolutamente necessária para ser um bom guia espiritual" (RAGUIN, Y., A Direção Espiritual, p. 123).

uma resposta *ex alio*, sem comprometer-se com a própria busca. Paradoxalmente, muitas pessoas que lutam para garantir o direito à autonomia são as mesmas que, em alguma circunstância, procuram respostas prontas que aliviem a tensão da escolha e, assim, lhe tirem a responsabilidade das consequências.

3) *Integralidade*. Não raro as situações-matéria da conversa são de cunho estritamente religioso, ou seja, ligadas à oração, a dúvidas teológicas, a elucubrações sobre a religião. A Direção Espiritual não se restringe a estes aspectos. Contudo, eles podem ser o elo inicial do contato. Então, a fim de que a pessoa se aproxime, nada lhe é negado, não se deve impor nenhuma condição prévia. Deve-se, contudo, ajudar a pessoa a compreender que toda a sua experiência de vida pode e deve ser lida à luz de Deus, como no episódio ocorrido com o ancião Ambrósio de Optina:

> Assuntos insignificantes não existiam para o *Staretz*. Ele sabia que na vida tudo tinha seu valor, e suas consequências. Portanto, não havia assunto que ele não respondesse com compromisso e com o desejo de fazer o bem. Certa vez, uma mulher empregada pela esposa de um proprietário de terras para cuidar de seus perus veio ao *Staretz*. Por alguma razão, os perus estavam morrendo, e o empregador estava a ponto de demiti-la. "Batushka!" Ela se dirigiu a ele chorando. "Eu me esfalfo gastando todo o meu tempo com eles. Eu cuido deles como de um tesouro. E mesmo assim eles caem doentes. A patroa quer me substituir. Tem piedade de mim, ó padre." As pessoas presentes começaram a rir. Partilhando das preocupações dela, e ouvindo como ela alimentava os perus, o *Staretz* deu a ela novas instruções em como alimentar os perus, abençoou-a e mandou-a para casa. O *Staretz* então mostrou aos que haviam rido, que toda vida dela estava à volta dos perus. Depois ele ficou sabendo que os perus haviam ficado sãos e não mais morriam.[219]

4) *Espontaneidade*. Ademais, a busca pelo processo deve ser espontânea, advinda da sua abertura a Deus na pessoa do(a) diretor(a), e à medida que sinta necessidade de ajuda, não devendo ser cobrada quanto à frequência ou regularidade das conversas. Caso contrário, o processo tornar-se-ia obrigatório e lhe faltaria a docilidade ao Espírito Santo, pois "onde se acha o Espírito do Senhor, aí está a liberdade" (2Cor 3,17).

5) *Disponibilidade*. Aquele(a) que foi procurado(a) deve se colocar disponível, *pronto(a) a escutar, sem a pretensão de tecer pensamentos ou emitir juízos,*

---

219. ALEXANDER, Ambrosio Ancião de Optina.

mesmo que internos, sobre o que a pessoa comunica.[220] Pode e deve, à medida que sentir necessidade, fazer perguntas. Deve evitar fazer afirmações categóricas ou completar pensamentos, como se estivesse lendo a mente da pessoa. Deve escutar pacientemente, tanto quanto o tempo o permita.[221] Na medida do possível, deve pontuar aspectos da fala da pessoa para se certificar de que entendeu o que ela quis expor e sempre conduzir o processo para o encontro da pessoa com Deus, não desconsiderando a dimensão prática e concreta da vida.

6) *Contextualização*. Em um dos primeiros encontros, é importante que o(a) diretor(a) espiritual solicite à pessoa que narre um pouco da sua história, conduzindo tal narrativa para a pesquisa de elementos importantes, como valores, crenças, medos, esperanças, sentimentos etc. Este panorama ajudará a compreender o universo conceitual da pessoa.

Como nenhuma história se constrói independente, é importante investigar o contexto no qual sua vida está inserida, levando a pessoa a recuperá-lo. Os fatos não podem ser lidos isoladamente, sem um ambiente no qual foram gestados e se desenvolveram. É comum que as pessoas, desejando resolver um problema atual, queiram julgá-lo apenas sob a perspectiva do desejo ou da consciência momentânea, desconsiderando, no entanto, uma série de elementos presentes na sua história, na formação religiosa, nas vivências, nos sentimentos que podem, o que normalmente acontece, trazer pistas concretas da resposta que se busca unicamente no agora.

Conhecer a história da pessoa é importante para compreender o confronto entre as opções de vida que buscam satisfazer o desejo atual ("Seja feliz, porque você merece", "Não deixe que ninguém acabe com os seus sonhos") e as opções nascidas nas tradições pessoais, familiares e religiosas que formam a bagagem existencial da pessoa. É nesse sentido que se torna fundamental realizar uma investigação acurada e precisa sobre as *mediações* nas quais a vida do(a) dirigido(a) está imersa.

A título de exemplo, a um(a) religioso(a) que esteja passando por uma crise vocacional pode-se perguntar qual o significado da Vida Religiosa para ele(a), ou que imagem lhe vem à mente quando pensa em um(a) religioso(a) ou quando se pensa como tal, qual a lembrança mais forte que ele(a) tem de sua caminhada vocacional, qual foi seu sentimento no momento da Profissão Religiosa, do que ele(a) sente falta no estado de vida atual para perceber-se em crise, que valor tem a renúncia e a doação de si mesmo(a), o que Deus lhe tem falado ao coração quando

---

220. SANTOS, A. H., O poder de uma boa conversa, p. 215.

221. "O colóquio espiritual não deve ser marcado pela pressa, mas também não deve ser demorado demais. É um encontro espontâneo que visa aos valores essenciais do Evangelho" (SCIADINI, P., A pedagogia da Direção Espiritual, p. 158).

reza, o que mais lhe atrai em experiências diferentes daquela que está vivendo por conta de sua consagração.

Logicamente, estas perguntas podem soar como uma investigação desnecessária ou mesmo temerária do íntimo da pessoa, e não precisam ou devem ser feitas de forma direta. Importante, no entanto, é ajudar a pessoa a descobrir o que subjaz ao desejo de deixar sua vocação ou à constatação de incompletude a partir das mediações pessoais, uma vez que, é preciso repetir, somos geralmente movidos por aquilo que nos toca o coração, pelo que nos afeta no sentido mais literal da palavra (*affectus*).[222] O confronto dos afetos à luz de Deus na oração ajudará a pessoa a discernir com maior clareza o que está acontecendo dentro dela e o que Deus lhe pede no momento presente de sua vida.

7) *Indiferença positiva*. No que foi descrito até agora deve residir a *indiferença*[223] do(a) diretor(a) em relação ao resultado da conversa, primeiramente porque sabemos o quão frágil e lento é o efeito da reflexão sobre a vontade e a prática, e depois porque o sucesso na condução do processo dependerá da abertura da pessoa à ação do Espírito Santo mais do que da indústria do(a) diretor(a). Isso faz com que aquele que oferece ajuda não se sinta responsável pelo processo alheio e aprenda a confiar na comunicação de Deus com a pessoa que está auxiliando.

8) *Representatividade eclesial*. O(a) pai/mãe espiritual, procurado dentro de um templo ou no contexto eclesial, é um(a) representante privilegiado(a) da Igreja. Não deve sentir-se orgulhoso(a) por isso. Pelo contrário, precisa antes reconhecer a gravidade da posição que assume na medida em que acolhe uma pessoa. Ali, cessam as opiniões pessoais, o estado de ânimo, as posturas ideológicas. Em última instância, esta pessoa age *in persona Christi*, porque está fazendo o que Jesus sempre fez, acolher as pessoas, escutá-las, direcioná-las para o Pai. Ao mesmo tempo, age *in persona Ecclesiae*, não lhe sendo permitido falar ou pensar além do que ensina ou pratica a Igreja. Nesse sentido, tem uma grande responsabilidade, para a qual pode e deve contar com a assistência do Espírito Santo. Se possível, comece um encontro, por mais simples que seja, com uma oração, pedindo a luz do Espírito Santo,[224] pois, durante aquele encontro, a pessoa que o(a) procura está, na verdade, à procura do próprio Deus.

---

222. Sobre o conceito de *affectus*: GUILHERME de St-Thierry, Carta de Ouro, p. 189.

223. Tomamos a palavra *indiferença* emprestada dos Exercícios Espirituais de Santo Inácio de Loyola. Segundo ele, estar indiferente é "não querer mais saúde que enfermidade, riqueza que pobreza, honra que desonra, vida longa que vida breve" (EE 23,6). Em resumo, indiferença para Santo Inácio é ausência de expectativas em relação a algo.

224. "O discernimento não é uma [auto]análise presunçosa, uma introspecção egoísta, mas uma verdadeira saída de nós mesmos para o mistério de Deus, que nos ajuda a viver a missão para a qual nos chamou a bem dos irmãos" (GE 175).

9) *Comunitariedade.* Até este ponto já nos é possível reconhecer o valor da Direção Espiritual como um processo de educação para a alteridade. Embora a pessoa traga seus questionamentos e anseios, ela *não deve buscar solucioná-los de forma isolada, autossuficiente,* mesmo porque seria contraditório com o fato de pedir ajuda. Pode-se inclusive utilizar, como critério para descobrir a vontade de Deus, a fórmula que os fiéis repetem em cada celebração eucarística: que as decisões tomadas sejam "para a glória do Nome de Deus, para o bem da pessoa e de toda a Santa Igreja".[225] Saindo desta relação interpessoal, foge-se ao propósito desejado por Deus de que vivamos em comunhão. Por isso, a figura do(a) diretor(a) espiritual surge como sacramento de Cristo para ajudar a pessoa a confrontar-se com a própria história, com Deus, com os outros, de modo que sua vida não seja considerada apenas na perspectiva individual, mas comunitária em sentido amplo.

10) *Discernimento.* Com a mediação eclesial, na figura do(a) pai/mãe espiritual, a pessoa é convidada a *assumir a própria história e as consequências de suas escolhas,* perante Deus, perante si mesmo, os outros e o mundo. Como não é tarefa simples, ela precisa ser acompanhada com toda paciência e ajuda para exercitar o dom do discernimento. Eis o que diz o Papa Francisco:

> A comunidade evangelizadora dispõe-se a "acompanhar". Acompanha a humanidade em todos os seus processos, por mais duros e demorados que sejam. Conhece as longas esperas e a suportação apostólica. A evangelização patenteia muita paciência, evita deter-se a considerar as limitações.[226]

> Hoje mais do que nunca precisamos de homens e mulheres que conheçam, a partir da sua experiência de acompanhamento, o modo de proceder onde reinem a prudência, a capacidade de compreensão, a arte de esperar, a docilidade ao Espírito, para no meio de todos defender dos lobos as ovelhas a nós confiadas que tentam desgarrar o rebanho. Precisamos de nos exercitar na arte de escutar, que é mais do que ouvir. [...] Só a partir da escuta respeitosa e compassiva é que se pode encontrar os caminhos para um crescimento genuíno, despertar o desejo do ideal cristão, o anseio de corresponder plenamente ao amor de Deus e o anelo de desenvolver o melhor de quanto Deus semeou na nossa própria vida.[227]

---

225. CONGREGAÇÃO PARA O CULTO DIVINO, Missal Romano, p. 404.
226. EG 24.
227. EG 171.

11) *Maturidade*. À medida que a pessoa for se desenvolvendo no processo de integração pessoal e no descobrimento da vontade de Deus, o movimento natural é que passe a *depender menos do contato com seu(sua) diretor(a) espiritual*. Isto não somente é esperado, mas almejado, não porque a pessoa se torna autônoma e autossuficiente, mas porque deixa de necessitar daquela mediação específica, que é o(a) diretor(a) espiritual, e passa a se relacionar mais diretamente com Deus, reintegrando-se também por meio das relações com os outros. Não se trata de perfeição – portanto, sempre haverá espaço para retornar ao(à) pai/mãe espiritual –, mas, assim como uma criança, ao crescer e se desenvolver, fica menos dependente dos pais, o mesmo acontece na dinâmica espiritual. Nesse momento, já não mais a figura do(a) pai/mãe faz a mediação eclesial, mas a pessoa mesma, tendo se redescoberto e reaprendido a valorizar o outro, passa a se relacionar diretamente com os irmãos, na Igreja e na vida cotidiana.

12) *Validade*. Uma pergunta se impõe: a Direção Espiritual é necessária por toda a vida, ou, assim como nos tratamentos médicos, existe alta, um encerramento das atividades? Podemos responder de duas formas:

a) Se pensamos enquanto *método*, ou mesmo como necessidade estrita, podemos responder que *não*. Como qualquer processo de evolução pessoal, o ideal é que, à medida que ganhe estrutura, o ser humano vá se tornando independente, autônomo, capaz de guiar-se por si mesmo.[228] Falando dos religiosos, T. Merton afirma: "Um religioso maduro deverá, normalmente, ser capaz de se dirigir a si mesmo";[229]

b) Por outro lado, considerando que a Direção Espiritual consiste em uma *relação interpessoal*, e que nenhum ser humano deve ser manipulado[230] ou utilizado com fins utilitaristas, *sim*, a Direção Espiritual dura por toda a vida, pois a relação não acaba com o progresso espiritual do(a) dirigido(a). A porta sempre ficará aberta, embora se entenda que é natural que a necessidade de recorrer ao(à) diretor(a) diminua. Não é possível dizer que a relação se transforma em amizade porque, assim como acontece em psicoterapia, uma vez que se estabeleça certo grau de intimidade, a relação de paternidade ficará comprometida. No entanto, existe um liame espiritual que mantém os dois unidos para sempre, e este pode ser retomado a qualquer momento da caminhada, mesmo sem uma necessidade específica.

---

228. SCIADINI, P., A pedagogia da Direção Espiritual, p. 158.

229. MERTON, T., Direção Espiritual e meditação, p. 29.

230. "Manipular e ser manipulado é sempre algo que fere a dignidade humana" (SCIADINI, P., A pedagogia da Direção Espiritual, p. 99).

Como resolver esta aparente contradição? Compreendendo que o ser humano sempre está em transformação, evolução. Dessa forma, um pai nunca deixará de ser pai, porque seu filho sempre estará na mesma posição em relação a ele (filho). E, como a relação pai-filho não é apenas funcional, mas supõe uma dimensão afetivo-espiritual que consiste em um laço eterno, podemos dizer que esta ligação tem início, mas não tem fim, ao menos enquanto vivemos o presente. Caso contrário, a Direção Espiritual, que é capaz de personalizar um indivíduo, seria, contraditoriamente, um abuso do outro – no caso, do(a) diretor(a) – manipulando-o(a) com vistas à realização do(a) dirigido(a), e, nesse sentido, todo o projeto estaria fadado ao fracasso por si só.

Por tudo isso, torna-se necessário que nossas comunidades estejam preparadas para esta modalidade pastoral, tão bela quanto necessária, mas que não pode se impor à força da beleza nem da necessidade. A comunidade precisa estar pronta para acolher a seu modo,[231] mas é preciso suplicar ao Senhor que conceda o Espírito Santo, que se manifesta a cada um em vista do bem comum (1Cor 12,7), suscitando pessoas com o carisma da *discretio spirituum* (discernimento dos espíritos), a fim de edificar a Igreja.

3.4.3. Requisitos para ser um(a) Diretor(a) Espiritual

Em decorrência de tudo o que se refletiu até agora, é necessário nos determos sobre um aspecto fundamental para que o carisma da Direção Espiritual possa se desenvolver e ganhar o espaço necessário em nossas comunidades: levantaremos algumas pistas que nos indiquem sinais do carisma, a fim de pensarmos como ajudar tais pessoas a desenvolverem o dom para servir melhor à Igreja.

Recordemos, neste sentido, que carisma é uma graça especial conferida pelo Espírito Santo, e que não existem sinais exteriores capazes de evidenciar sem dúvida a existência ou não de um carisma. Contudo, a observação de algumas características pode nos ajudar a perceber tendências que vão demonstrando sua existência ou não.

1) *Discipulado*. A primeira característica que evidencia o possível carisma da Direção Espiritual é a sua necessária vinculação a Cristo. É preciso que o(a) diretor(a) tenha intimidade com Deus, desenvolvida por meio da oração. Somente tendo os olhos preenchidos pela luz de Deus, a pessoa será capaz de enxergar sua ação na vida dos outros:

---

[231]. "A missão que se impõe às comunidades paroquiais é rever o relacionamento humano que nelas se estabelece. [...] A evangelização só será possível quando essa acolhida priorizar a escuta do outro para conhecer suas angústias e esperanças" (CNBB, Doc. 100, 259; 263).

> Seu primeiro dever, se quer ser um guia eficaz, é zelar pela sua própria vida interior e se reservar o tempo devido à oração e meditação, desde que jamais poderá dar a outros o que ele mesmo não possui.[232]

Além disso, a imersão em Deus fará com que o(a) diretor(a) cultive um silêncio interior necessário para acolher a vida de outros sem precisar de intervir desnecessariamente, o que seria nocivo para ambos.

2) *Eclesialidade*. Paralelamente, deve ser pessoa essencialmente vinculada à Igreja, ou seja, profundamente mergulhado nos conteúdos principais da fé, de forma que não desvie seu(sua) dirigido(a) do caminho apresentado pela Igreja como o cumprimento da vontade de Deus. Nesse ponto, deve esquecer suas opiniões pessoais e ter um conteúdo seguro da fé da Igreja. Não precisa ser douto(a) em especulações teológicas, mas ter sólido conhecimento do Catecismo da Igreja, bem como dos documentos do Magistério e das posições da Igreja frente às questões apresentadas pelo mundo atual, pois estas são recorrentes em especial na fase inicial das conversas de Direção.

3) *Filantropia*.[233] Em seguida, deve ser alguém apaixonado pelo ser humano: deve gostar de estar com os outros, de se relacionar, ser em geral simpático(a), acolhedor(a), amável no trato, sem perder, contudo, a devida reserva: manter a distância saudável para uma relação ao mesmo tempo afetuosa e sem confusão, ser discreto(a), profundamente respeitoso(a) com a história do outro, sensível aos seus problemas e paciente com seus erros. Deve gozar de respeitabilidade e saber usar sua autoridade quando necessário.

4) *Escutatória*.[234] É preciso gostar de escutar, tarefa aparentemente simples, mas na verdade extremamente desafiadora. Para escutar é preciso estar atento, silenciar vozes interiores, juízos de valor e interpretações precipitadas, além de estar inteiramente à disposição do outro. Em muitos casos, não é preciso dizer um grande ensinamento ou uma reflexão sábia. Sobre a arte de escutar, escreve R. Alves:

> Ninguém quer aprender a ouvir. [...] Não é bastante ter ouvidos para se ouvir o que é dito. É preciso também que haja silêncio dentro da alma. [...] Talvez, essa seja a essência da experiência religiosa quando ficamos mudos,

---

232. MERTON, T., Direção Espiritual e meditação, p. 32.

233. A palavra filantropia provém do grego *philantropía* = amor à humanidade), composto por *philos* (amigo ou amante) e *ánthropos* (homem, ser humano). Filantropo é, então, aquele que professa amor a seus semelhantes.

234. Tomamos o conceito emprestado de R. Alves, que faz um jogo de palavras relativo à palavra "oratória" (ALVES, R., O amor que acende a lua, p. 65).

sem fala. Aí, livres dos ruídos do falatório e dos saberes da filosofia, ouvimos a melodia que não havia, que de tão linda nos faz chorar. Para mim Deus é isto: a beleza que se ouve no silêncio. Daí a importância de saber ouvir os outros: a beleza mora lá também. Comunhão é quando a beleza do outro e a beleza da gente se juntam num contraponto.[235]

Em alguns casos, o máximo que o(a) diretor(a) precisa fazer é demonstrar atenção, afeto, empatia,[236] e confirmar que está compreendendo o que lhe diz seu(sua) dirigido(a). Muitas vezes, a pessoa encontra a resposta aos seus questionamentos só pelo fato de sentir-se acolhida e escutar sua própria voz que encontra acolhida em outro coração. Se lembrarmos da forma como Jesus agia, várias perguntas eram devolvidas a quem as fez, demonstrando ter escutado bem, e, nos casos, de cura, declarava: "Tua fé te salvou", evidenciando que a fé que a pessoa já trazia em si era parte integrante do processo de cura ou de milagre que acontecia no encontro com Ele e através de sua iniciativa salvadora.

5) *Maturidade*. Ainda é importante que o(a) diretor(a) seja alguém com um grau razoável de maturidade humana, conquistada por meio das experiências da vida (por isso, é bom que não seja alguém muito jovem ou inexperiente), especialmente dos próprios insucessos, assim como da capacidade de autoaceitação, pois esta será a ferramenta indispensável para acolher o outro. Ora, maturidade está mais ligada às experiências e oportunidades do que à idade; contudo, entende-se que uma pessoa mais velha possivelmente tenha tido mais experiências de vida. Mesmo assim, tal requisito não é de forma alguma um impedimento para que um(a) jovem possa ser um(a) bom(a) diretor(a), dotado(a) da graça do Espírito Santo, como o jovem Profeta Daniel, de quem se disse: "Senta-te no meio de nós e expõe-nos o teu pensamento, pois Deus te deu o que é próprio da ancianidade" (Dn 13,50).

Apresentamos a maturidade como um requisito por conta das questões humanas, como apego ao(à) dirigido(a), ou o medo de não ter sido bom(a) o suficiente, ou ainda a incompreensão diante das falhas ou da falta de vontade do(a) dirigido(a) para empreender o caminho rumo à santificação, além do mecanismo de transferência, como também acontece no processo terapêutico.

---

235. ALVES, R., O amor que acende a lua, p. 65.

236. Do grego *empátheia*, "sentir por dentro": "tendência para sentir o que sentiria caso estivesse na situação e circunstâncias experimentadas por outra pessoa" (FERREIRA, A. B. H., Novo dicionário Aurélio da Língua Portuguesa). Trata-se de um tema atualmente muito explorado, tanto em Comunicação como em Psicologia. Sobre ele, destacamos os seguintes textos: ROSENBERG, M. B., Comunicação não violenta, p. 147; SANTOS, A. H., O poder de uma boa conversa, p. 55.

6) *Avaliação*. É também importante ter uma capacidade saudável de *autoavaliação* e de avaliação do processo do(a) dirigido(a) que seja capaz, não de medir resultados, mas de comparar etapas, para descrever interiormente os níveis de um processo evolutivo,[237] sem se importar com parâmetros de proporção ou temporalidade. A questão é a sensibilidade para acolher o outro e perceber seus movimentos pessoais, os caminhos por onde o Espírito está conduzindo aquele(a) que dirige.

7) *Interdisciplinaridade*. Por último, ajuda bastante ter conhecimento de ciências que descrevem o comportamento humano, em especial duas mais aproximadas: a Comunicação e a Psicologia. A Comunicação, porque é a base material dos encontros de direção, e, mesmo sem palavras, um(a) diretor(a) pode constranger ou demonstrar-se desinteressado(a) do(a) seu(sua) dirigido(a). Como exemplo, citamos o que descreve M. B. Rosenberg, o autor de uma abordagem à qual denomina *Comunicação Não Violenta*:

> Denomino essa abordagem Comunicação Não Violenta, usando o termo 'não violência' na mesma acepção que lhe atribuía Gandhi – referindo-se a nosso estado compassivo natural quando a violência houver se afastado do coração. Embora possamos não considerar 'violenta' a maneira de falarmos, nossas palavras não raro induzem à mágoa e à dor, seja para os outros, seja para nós mesmos.[238]

Da mesma forma, é bom que tenha alguma noção de Psicologia por questões mais óbvias, para auxiliar no entendimento dos processos da mente humana. Contudo, engana-se quem pensa que tal conhecimento é indispensável,[239] pois um(a) diretor(a) que recebeu o dom da cardiognose, por mais iletrado(a) que seja, não será em nada menos eficaz que um(a) douto(a).[240] Um pouco de conhecimento nessas áreas, no entanto, auxilia a estimulação do dom pessoal.

---

237. Embora reconheça ser possível, M. Guenther é contrária a que o(a) diretor(a) espiritual faça e mantenha consigo anotações sobre detalhes da vida do(a) dirigido(a) ou anotações de progressos: "Em minha opinião, no entanto, esta é uma das maneiras em que a direção espiritual deve distinguir-se da psicoterapia. Temos que ter um olhar perspicaz, mas não fazemos diagnósticos no sentido clínico, pois nos arriscamos a menosprezar nossos hóspedes espirituais se os reduzimos a sintomas e medições. A pessoa sentada à minha frente é sempre um mistério. Quando rotulo, limito" (GUENTHER, M., Holy listening, p. 19).

238. ROSENBERG, M. B., Comunicação não violenta, p. 21.

239. "Não é apenas uma orientação ética, social ou psicológica. E, sim, *espiritual*" (MERTON, T., Direção Espiritual e meditação, p. 18).

240. Herdeiro da tradição inaciana, o Papa Francisco afirma: "É verdade que o discernimento espiritual não exclui as contribuições das sabedorias humanas, psicológicas, sociológicas ou morais; mas transcende-as. [...] Lembremo-nos sempre de que o discernimento é uma graça" (GE 170).

3.4.4. Conclusões

Depois destas observações, façamos algumas considerações finais:

1) Afirmamos que a Direção Espiritual é um *carisma*, conferido pelo Espírito Santo independentemente de condições materiais de quem o recebe, como explica T. Merton: "O pai espiritual substituía o bispo e o presbítero como representante de Cristo. Contudo havia uma diferença, pois nada de hierárquico existia nessa função. Era pura e simplesmente carismática".[241]

Assim, superamos a antiga compreensão de que somente os sacerdotes podem ser diretores espirituais,[242] e, mais ainda, a concepção de que todos os sacerdotes têm este carisma. É verdade que, como nos recorda A. Grün, no passado havia dois modelos de Confissão, a saber, a Confissão de orientação espiritual (que aqui chamamos de Direção Espiritual) e a Confissão de devoção (mais tarde chamada de Confissão Sacramental). Com o passar do tempo, a Confissão de orientação espiritual foi abandonada, em certo sentido, sobressaindo o modelo sacramental, que incorporou em parte o caráter de orientação.[243] Assim, instaurou-se a ideia de que somente os sacerdotes tinham a faculdade para ser diretores espirituais, prática estranha se pensarmos na história do cristianismo. É urgente, portanto, redescobrir a Direção Espiritual como carisma suscitado pelo Espírito Santo, para o bem de toda a Igreja.

2) Devido à clericalização dos mosteiros, como já mencionado, a Direção Espiritual foi institucionalizada como uma exigência dos que praticavam a Vida Religiosa. Ora, é fato histórico que a Direção Espiritual se desenvolveu após o deserto, nos mosteiros, razão pela qual os religiosos e religiosas a adotaram como exigência fundamental.[244] No entanto, especialmente na atualidade, ela pode e deve ser explorada como rico instrumento de descoberta de si mesmo e da vontade de Deus para todos os fiéis que desejarem fortalecer sua experiência com Deus. A busca dos leigos tem sido crescente neste sentido, e é preciso que haja diretores "aptos a ganhar as almas"[245] a fim de ajudá-los.

3) Existem atualmente cursos acadêmicos que visam formar cristãos de diferentes estados de vida na compreensão da Direção Espiritual, sobretudo enquanto arte. Mas uma arte não se ensina em sala de aula. Por isso, defendemos a ideia de que é importante criar o que chamamos *oficina de diretores espirituais*,

---

241. MERTON, T., Direção Espiritual e meditação, p. 16.
242. PLUS, R., La Direzione Spirituale, p. 9; SCIADINI, P., A pedagogia da Direção Espiritual, p. 144.
243. GRÜN, A., Perdoa a ti mesmo, p. 97.
244. MERTON, T., Direção Espiritual e meditação, p. 27-29.
245. RB 58,6.

entendendo que é em uma oficina que se pratica uma habilidade e se desenvolve uma arte. Nesta, poder-se-ia desenvolver um cronograma de atividades que contemplassem uma formação teórica básica, com disciplinas como História, Teologia e noções de Psicologia, ao mesmo tempo em que se faria uma triagem paralela por meio de dinâmicas que buscassem perceber o nível de maturidade dos alunos para prosseguir na formação. Uma vez transcorrida a primeira fase, continuar-se-ia a formação técnica acompanhada de estágios supervisionados, que favorecessem aos alunos o desenvolvimento de suas aptidões na prática, aprendendo com os erros e apoiando os colegas em suas descobertas.

Ao encerrar este capítulo, vale a pena degustar a forma poética com que M. Guenther escreve sobre a Direção Espiritual e a necessária preparação dos diretores espirituais antes de receber um(a) dirigido(a). Este texto abre nossa percepção para compreender o que significa chamar a Direção Espiritual de arte:

> Como todos nós, a pessoa que procura direção espiritual está em uma jornada. Desde a expulsão do Éden, temos sido um povo em movimento, apesar das tentativas de autoilusão que temos de dizer que já chegamos. Nós seguimos os passos do Senhor peregrino, sempre a caminho, com nossos rostos virados resoluta ou relutantemente em direção a Jerusalém. A mobilidade é o nosso modo de vida. [...] Fisicamente, a nossa vida é uma viagem. Espiritualmente também; estamos sempre a caminho, *in via*, quando suspiramos por estar *in patria*. Somos viajantes e estamos cansados e com saudades de casa. [...]
>
> É um fato da vida que os viajantes não podem sobreviver confortavelmente sem hospitalidade. Não obstante seus prudentes planejamentos e seus abundantes suprimentos, se a viagem continua por tempo suficiente, eles precisarão dos cuidados de um anfitrião, alguém que ofereça um lar temporário como um lugar de descanso e refresco. Assim, Abraão ofereceu água a seus visitantes angelicais para lavar a poeira de seus pés, pães frescos e carne para aliviar a fome. [...] Mesmo a pessoa mais autossuficiente não pode escapar a essa necessidade de hospitalidade. [...]
>
> Os hóspedes nos fornecem uma disciplina útil. Deixados por conta própria, podemos caminhar sem parar em torno da desordem e imundícia, prometendo fazer algo sobre o estado da nossa casa em algum momento, mas não agora. Podemos até vir a amar o nosso lixo abandonado. [...] Mas quando um convidado de honra está chegando, nós carregamos o lixo, recolocamos objetos em seus lugares e criamos um espaço organiza-

do, limpo e acolhedor. Assim também acontece com diretores espirituais. A primeira tarefa a ser feita é uma faxina, criar nossa própria ordem interna. Devemos nos conhecer bem, nossos cantos escuros e nossos lugares sem ar – os pontos onde a poeira se acumula e o bolor começa a crescer. Não é suficiente empurrar o nosso lixo para dentro do armário e fechar a porta, nem baixar as cortinas e apagar as luzes para que a sujeira não apareça, embora estes sejam alguns truques tentadores para dedicados cuidadores de casas e de almas. Não, temos que limpar nossa casa e, em seguida, manter a limpeza para que possamos ter um lugar digno quando convidamos outras pessoas para descansar e se refrescar.[246]

---

246. GUENTHER, M., Holy listening, p. 9.

Conclusão

Ao longo deste estudo buscamos compreender como a Direção Espiritual, uma prática tão antiga na vida da Igreja, e até pouco tempo reservada a círculos eclesiásticos restritos – padres e monges –, pode responder aos anseios do ser humano contemporâneo, ou mesmo representar uma necessidade antropológica.

As conclusões a que chegamos são decorrentes de um processo que se iniciou com o esforço de compreender em que sentido a Direção Espiritual se insere na realidade do ser humano dos nossos dias. Embora se trate de uma prática milenar, ela se desenvolveu a partir das necessidades e circunstâncias históricas, chegando até nossos dias em modalidades diferentes na prática, mas unidas na identidade e na finalidade, com o mesmo objetivo de levar o ser humano a escutar a voz de Deus. Este ser humano – como tanto se insistiu – fragmentado, oscilando entre o fechamento em si mesmo e a abertura cega e dependente, necessita do(a) outro(a), do(a) próximo(a), com o(a) qual possa existencialmente interagir e encontrar-se como pessoa no mundo. Nesse sentido, entende-se a articulação estabelecida pelo Novo Mandamento: amar a Deus sobre todas as coisas e ao próximo como a si mesmo.

O segundo passo, dentro da Antropologia Teológica, alicerçou esta pesquisa no conceito de pessoa, perpassando os dados bíblicos e aspectos mais recentes, presentes no ensinamento do Concílio Vaticano II e no magistério do Papa Francisco. Chamou a atenção para o risco constante do dualismo antropológico e tangenciou outras ciências, como o Personalismo de E. Mounier e a Abordagem Centrada na Pessoa de C. Rogers.

Do confronto entre ambos, emerge uma identidade contemporânea para a Direção Espiritual. Em primeiro lugar, sem receio de nos tornarmos repetitivos, insistimos que a Direção Espiritual seja uma necessidade antropológica decorrente da condição humana. Nesse sentido, Direção Espiritual é o encontro entre duas pessoas, ainda que em níveis diferentes, diretor(a) e dirigido(a). Este encontro se concretiza, como indicado no início do capítulo 4, em várias formas:

Pastoral Vocacional, Pastoral dos Noivos, Catecumenato, e assim por diante. Em todo esse processo, emerge a importância, e mesmo a urgência, da arte de escutar, com todas as características indicadas no mesmo capítulo. Daí emergem as compreensões atuais da Direção Espiritual, suas características e os requisitos para ser um(a) diretor(a) espiritual.

À pergunta sobre a necessidade da Direção Espiritual para todos, T. Merton observa, em sua obra *Direção Espiritual e meditação*:

> Falando rigorosamente, a Direção Espiritual não é necessária para o cristão ordinário. [...] É algo que se tornou necessário quando os cristãos se retiraram do convívio da comunidade cristã para viverem como solitários nos desertos.[247]

Ora, podemos descrever o contexto atual em analogia à descrição feita por T. Merton. Embora muito diferente do tempo ao qual o autor se refere, existe hoje uma tendência sociocultural a se retirar do convívio comunitário, visto predominantemente sob a ótica institucional, para se viver isoladamente em desertos pessoais, políticos, étnicos, religiosos ou ideológicos. Vivemos e sentimos, mesmo em setores da Igreja, uma forte exaltação à individualidade, que beira o individualismo. Em parte, nem mesmo a concepção de Igreja como Povo de Deus[248] parece atrair a atenção de muitas pessoas de nosso tempo para a importância e a necessidade da vida comunitária.

Este cenário configura o ambiente propício para a Direção Espiritual, porque, como vimos, ela é uma ação pastoral que acolhe o indivíduo em sua condição atual, sem fazer nenhuma exigência prévia. Assim, ela se configura como uma resposta plausível ao anseio crescente pela busca de uma resposta espiritual para os acontecimentos, as ideias e a prática da vida cotidiana, especialmente por meio das diversas modalidades nas quais se tem desdobrado em nossos tempos.

Assim como, no Evangelho, lemos que Jesus sentiu compaixão quando viu as multidões como ovelhas que não têm pastor (Mt 9,36), os seres humanos filhos dos tempos líquidos estão como que órfãos de pai e mãe, pois não têm nenhuma segurança a que se apegar. Restam duas saídas: ou confiar em si mesmo – mas também esta alternativa tem seus limites, pois em determinado momento não será capaz de conter a ansiedade e precisará tomar atitudes perante a vida – ou buscar uma resposta para além de si. É neste momento que as pessoas chegam à

---

247. MERTON, T., Direção Espiritual e meditação, p. 15.25.

248. LG 9-17.

Igreja, muitas vezes cansadas, feridas, magoadas, desconfiadas das próprias forças, angustiadas e sem esperança.

Não é simples empreender a jornada que pode efetivamente ajudar uma pessoa nesse estado, porque exigirá, de sua parte, disposição interior e docilidade ao que o(a) pai/mãe espiritual lhe indicar, não como diretriz, mas como proposta de um caminho até o íntimo de si mesma. Contudo, se conseguir perceber que existe algo muito maior do que esperava por trás do encontro aparentemente simples e até frustrante a princípio – se a pessoa esperava respostas prontas que solucionariam seus problemas imediatamente –, perceberá em si mesma os efeitos da Direção Espiritual: aos poucos deixará de ser indivíduo fechado em si mesmo, reconhecerá sua dignidade de pessoa, aprenderá a se relacionar com Deus, enxergará no outro seu semelhante e, a partir do restabelecimento desta relação, encontrará a felicidade tão almejada vivendo em comunhão. Por isso, como constatamos em nossa pesquisa, a Direção Espiritual é uma necessidade antropológica.

O ser humano da atualidade se esqueceu de que é fundamentalmente pessoa, com sua *inseidade*,[249] mas também com sua necessária relação e abertura aos outros. E cabe à Igreja, por meio dos diretores espirituais, acompanhar cada indivíduo no processo de redescobrir sua identidade e sua vocação primeira, que é amar a Deus e amar o próximo, amando-se a si mesmo.

Esse processo é desafiador, pois a época em que vivemos é marcada por uma crise de paternidade, tanto pela ausência da figura paterna – enquanto responsável pela formação da identidade pessoal – como pela recusa de qualquer figura que inspire autoridade e exija obediência, em contraposição à ditadura do "seja você mesmo". É preciso grande cuidado ao tratar com as pessoas nesse ponto, para fazê-las entender que:

> a atitude da Igreja não é um paternalismo abusivo, que se arroga o título de estar mais bem formada para impor sua própria interpretação em um círculo de leitores iguais, mas se trata de guardar com fidelidade uma mensagem que lhe foi confiada com a tarefa de transmiti-la com lealdade e humildade.[250]

Se, por outro lado, seu anseio por respostas começa a ser saciado na medida em que se sente acolhida na sua história, a pessoa começa a trilhar seu próprio caminho, sob a inspiração de Deus e com a ajuda de seu(sua) pai/mãe espiritual que, nesse sentido, estará cumprindo sua missão tal qual foi idealizada por Deus:

---

249. RUBIO, A. G., Unidade na pluralidade, p. 248.
250. MENDIZÁBAL, L., Dirección Espiritual, p. 7.

estimular o desenvolvimento da autonomia perante a própria vida, mediante o influxo da graça.

Para realizar tal intento, reconhecemos o importante papel que tem a figura do(a) diretor(a) espiritual, e reconhecemos a necessidade de se pensar um método para despertar aqueles que receberam este carisma, com o fim de formá-los, por estudos, mas acima de tudo pelo desenvolvimento de suas potencialidades, na sublime vocação de ajudar os irmãos a se descobrirem como verdadeiramente são – pessoas, criadas à imagem e semelhança de Deus, para viverem em comunhão – a partir do projeto do próprio Deus para o seu bem e para o bem do mundo.

Esta figura, do(a) diretor(a), no entanto, tem papel secundário no processo da descoberta da vontade de Deus, porque cremos que o Senhor mesmo tem seus caminhos para falar ao coração de seus filhos. Ainda assim, como aprouve ao Senhor que ninguém ficasse só (Gn 2,18), por meio do encontro entre duas pessoas, como pudemos analisar, vencemos as duas grandes tentações dos tempos nos quais vivemos, a de se realizar sozinho (neopelagianismo) ou de se realizar de forma desencarnada, fugindo à realidade (neognosticismo). Contra essas duas tendências, o Verbo se fez carne (Jo 1,14) e manifestou o quanto Deus nos ama, morrendo por nós quando ainda éramos pecadores (Rm 5,9), para que ninguém suponha que é capaz de salvar-se ou realizar-se pelas próprias forças, sem a ajuda dos outros.

Concluindo, esta reflexão quer contribuir para a construção de uma nova base teórica da Direção Espiritual a partir especificamente da Antropologia Teológica, para que seja possível desenvolver o perfil antropológico da figura do(a) pai/mãe espiritual no processo de desenvolvimento das potencialidades dos indivíduos que a ele(a) se achegam, ajudando-os a se reconhecerem pessoas, e a converterem a coletividade na qual vivem em espaço criativo de comunhão, que é o desejo de Deus para toda a humanidade, mesmo em tempos difíceis e desafiadores. É preciso que estejamos abertos e dóceis para ouvir o sussurrar do Espírito Santo ao abrir nossos olhos para a urgência da transformação de nossas estruturas com vistas a acolher o humano em suas necessidades e anseios mais profundos, como faz o próprio Deus (Ex 3,7-8).

Posfácio

Ter entrado em contato com o texto do Cristiano Holtz Peixoto, intitulado *O valor antropológico da Direção Espiritual*, trouxe-me uma grande alegria e esperanças sobre a realidade e os desafios acerca do tema da Direção Espiritual, ou seja, do encontro entre duas pessoas, ainda que em níveis diferentes, diretor(a) e dirigido(a), como aborda o autor, na tentativa de se encontrar com Deus, com os(as) irmãos(ãs) e com a criação. Trata-se de uma obra que conta com didatismo, boa reflexão e fundamentação nos documentos oficiais da Igreja, ótima base da Antropologia Teológica e abundantes referências bibliográficas, proporcionando ulteriores aprofundamentos. Ela é fruto dos estudos e pesquisas em vista de um mestrado. Neste sentido, esta obra é fruto de uma dissertação, que foi premiada e agora sai na Série Teologia PUC-Rio.

Concordo com a expressão do orientador da dissertação, que afirma termos chegado ao "esgotamento de uma época de orfandade". Diante disso, é preciso retrabalhar a direção espiritual, que, em sua função de mediação, tem como objetivo levar o ser humano a escutar a voz de Deus em sintonia com os irmãos e com a criação, a exemplo do que fez Elias ajudando Samuel a discernir a voz de Deus, que o chamava para uma missão (cf. 1Sm 3,1-11).

A pandemia do coronavírus (Covid-19) aflorou ainda mais esta situação e este sentimento de abandono e de impotência diante do gigantismo de desafios desencadeados e acelerados por este minúsculo e ameaçador vírus invisível, especialmente entre os mais vulneráveis e fragilizados de nossa sociedade. A pandemia escancarou nossas enfermidades e feridas, deixando muita coisa a ser acompanhada com maior cuidado e carinho. Sentimo-nos mergulhados profundamente num sentimento e tempo de total esvaziamento, com meses de isolamento social e quarentena forçada, como nunca antes experimentado por nossa geração, pelo menos em nível mundial. Mais do que nunca o ser humano necessita, existencialmente, interagir e encontrar-se como pessoa no mundo, seja com o Transcendente, seja com seu semelhante e com a criação.

Com a pandemia, a humanidade se viu diante de um tempo e de desafios realmente muito exigentes. Ainda que tenhamos nos adaptado rapidamente às plataformas e ao mundo digital, fazendo muita coisa remotamente, inclusive nossas celebrações religiosas e encontros familiares, as feridas permanecem em muitos campos. Este tempo revelou-se como que um parto difícil de ser conduzido e realizado. Não temos dúvidas, ele acentuou nossas vulnerabilidades e sentimentos de orfandade. Ele pede que encontremos diretores e diretoras espirituais capazes de ajudar a humanidade a atravessar mais este desafio, reconstruindo-se a cada instante, pessoal e comunitariamente.

Creio que a intuição do Cristiano se adiantou a este tempo em que estamos vivendo. Se antes já nos sentíamos desafiados pelo tema da Direção Espiritual, agora ainda mais. Quantas *lives* foram feitas neste período e quantas continuarão a ser feitas, visto que precisamos ser acompanhados em nossas alegrias e dificuldades. Sempre se faz necessário um abraço amigo e fraterno, uma mão estendida que nos ajude ao longo da vida, na travessia dos momentos desafiadores. Mais que nunca, este tempo tem revelado o valor da Direção Espiritual, a fim de vencer o medo e renovar as esperanças. E a obra do autor nos coloca diante de um olhar amoroso de Deus e da sociedade toda, sem negar a crise da Direção Espiritual, que precisa ser retrabalhada em todos os momentos da história, com seus problemas e desafios concretos.

Todos precisamos uns dos outros para realizar a "travessia" ao longo de nossa vida e o combustível é a espiritualidade, que pede acompanhamento e Direção Espiritual, de alguém que ajude a nos relacionarmos profundamente com Deus, como diz São Bento em sua Regra Monástica: "sem nada antepor entre a pessoa e Deus". Na "mochila" de nossa vida, na longa travessia, é preciso que vários ingredientes sejam contemplados e colocados, para que ao longo do processo possamos caminhar de forma mais serena e tranquila, com reserva de "combustível humano e espiritual" para ajudarmos também os demais. Isso ajudará, como diz São Bernardo de Claraval, a realizar o encontro entre os dois amores, o meu e o de Deus, e as duas vontades, a minha e a de Deus. Diante dos desafios na travessia, como bem nos lembra Cristiano, restam duas saídas: ou confiar em si mesmo ou buscar uma resposta para além de si para empreender e percorrer a longa jornada da vida, que nem sempre se apresenta como fácil e agradável, sobremaneira para os mais vulneráveis e expostos a tantos problemas pessoais, familiares e comunitários, como os desafios de saúde, família, emprego, educação, sobrevivência cotidiana e o encontro com o divino, bem como em sua necessária relação e abertura aos outros. Neste sentido, contará sempre e muito a docilidade em saber ouvir o sussurrar do Espírito Santo, que abre portas e janelas, que indica saídas, mostrando sempre uma luz no fim do túnel.

Exatamente nesta obra, o Cristiano nos oferece uma série de pontos que nos ajudam a refletir e a discernir sobre o que colocar ou tirar da "mochila de nossa travessia", ao longo da caminhada cotidiana de cada um. Ele aborda vários pontos, da antiga e bimilenar tradição e prática da Direção Espiritual realizada pelo cristianismo, buscando conhecer o ser humano a partir da revelação bíblica, do conceito cristão de pessoa, e sempre sob o olhar da antropologia teológica. Ele apresenta um rosto novo para se retrabalhar a Direção Espiritual, tendo presente os atuais desafios e dinâmicas, dando respostas novas no concreto da vida das pessoas que desejam crescer humanamente, socialmente e religiosamente.

Antropologicamente, sabemos que o ser humano necessita ser acolhido como pessoa e ser ajudado no processo de abertura para Deus, para com os outros e para com o mundo. O ser humano precisa de alguém que o ajude a ler os "sinais dos tempos" (GS, 4) em sua vida e na vida comum, pois a cada momento ele é mergulhado em profundas perguntas e nem sempre encontra respostas. Mais ainda, quando pensa ter encontrado respostas para suas indagações e angústias existenciais, são-lhe colocadas novas perguntas e "a roda da vida" continua pressionando. E quando mudam as perguntas estas exigem novas respostas, pois as velhas muitas vezes já não mais servem para os novos desafios. Faz-se, então, necessário descer novamente à "olaria de Deus" (Jr 18,1-12), para que Deus fale ao nosso coração, como fez com seu povo conduzido ao Deserto (Os 2,16), pois Ele é um Deus rico em misericórdia e bondade (Ex 34,6; Jl 2,13).

O autor lembra que é preciso ressignificar e redescobrir a espiritualidade a cada instante e a cada época que atravessamos. Aliás, como bem nos lembra o Papa Francisco, estamos vivendo uma "mudança de época" (EG 52) e a pandemia do coronavírus deve acelerar ainda mais esse momento a tal ponto que, nos pós-pandemia, já estaremos em outra época e diante de novos desafios. Será sempre e cada vez mais necessário reafirmar uma Igreja capaz de lidar com as problemáticas que os últimos tempos têm colocado, sempre tendo presente que "Cristo nunca envelhece". Pelo contrário, Ele permanece "uma eterna novidade" (EG 11). Será preciso uma Igreja Mãe e Mestra, capaz de continuar ajudando a humanidade a encontrar-se e a relacionar-se com Deus, com seu semelhante e com a criação como um todo.

Somos todos chamados a entrar no tempo de Deus. E este momento constitui-se como que num "laboratório". Santo Agostinho, ao trabalhar a dimensão do tempo, afirma que precisamos saber ouvir, pois há um presente do futuro que chega rapidamente e ele precisa ser acolhido e não nos pegar de surpresa. Sobre isso, o Papa Francisco tem repetido continuamente que "o tempo é superior ao espaço" (EG 222) e é necessário entrar no tempo de Deus, caminhando com a paciência histórica, capaz de refazer muitas coisas. Aliás, é preciso entender o tempo do recuo criativo de Deus, acentuado pela mística judaica do "tzimtzum", a fim de sabermos quando recuar e quando dar um passo adiante, redescobrindo sempre novas formas de sair do sonambulismo existencial, criando formas de relação social e amorosa com Deus, como os irmãos e irmãs, acentuando mais o tempo da escuta e do discernimento espiritual. E de grande ajuda são os diretores e as diretoras espirituais, para que nos ajudem na longa e bonita travessia da vida. Não que eles e elas tenham receitas ou fórmulas prontas. Pelo contrário, o caminho se faz caminhando, e "quem sabe faz a hora, não espera acontecer" (Geraldo Vandré). Como o Cristiano aqui recorda, a trajetória será sempre a de uma conversa fraterna entre duas pessoas – diretor(a) e dirigido(a) –, cujo assunto fundamentalmente é e será a procura da vontade de Deus, à luz do "assoprar" do Espírito Santo.

Como já indicado acima, a presente obra se reveste de um salutar e rico material acadêmico. Além de sua introdução, conclusão e ótima bibliografia, ela traz excelente conteúdo em seus três capítulos. Em primeiro lugar, o autor contextualiza a problemática estudada e aborda a temática da "Direção Espiritual e o ser humano de hoje", analisando o ser humano na contemporaneidade; a Direção Espiritual: história, método e prática atual; os questionamentos possíveis sobre a temática e a realidade. Em segundo lugar, a partir da visão da antropologia cristã, temos uma rica reflexão sobre "o ser humano, como pessoa", onde encontramos temas como o ser humano na revelação bíblica e na patrística, seguindo uma opção cronológica; o conceito cristão de pessoa na antropologia teológica, na *Gaudium et Spes* e no magistério do Papa Francisco; bem como o problema do dualismo antropológico; analisa a contribuição de outras ciências para a teologia; o problema do dualismo antropológico que tangenciou outras ciências, como o personalismo, de Emmanuel Mounier (filósofo), e a abordagem centrada na pessoa, de Carl Ransom Rogers (psicólogo). Em terceiro lugar, o autor, considerando o urgente apelo à conversão pastoral – da qual nos fala o Papa Francisco e nos convoca a ser uma "Igreja em saída" (EG 17, 20, 24 e 46) –, desenvolve o tema da Direção Espiritual e o crescimento pessoal do ser humano, com tópicos voltados para a Direção Espiritual hoje, modalidades de Direção Espiritual segundo Giovanni Filoramo (historiador); outras modalidades de Direção Espiritual além da cristã; a importante, urgente, sempre antiga e sempre atual arte de escutar; o sentido da paternidade e da maternidade espiritual, tão necessário ao desenvolvimento do ser humano; a Direção Espiritual como educação para a alteridade; esclarecimentos e condições prévias à Direção Espiritual; características da Direção Espiritual e requisitos para ser um diretor e uma diretora espiritual.

Se por um lado, os tempos atuais têm demonstrado um esgotamento da figura do diretor e da diretora espiritual, por outro, a busca por terapias de apoio e de escuta tem crescido muito, inclusive por pessoas que não têm prática religiosa ou pertencimento a uma específica tradição religiosa. Como recorda o autor, "tem-se notado um considerável aumento na procura por caminhos de espiritualidade e transcendência, sob as mais variadas formas, desde a literatura de autoajuda, passando pelas terapias alternativas, a resolução instantânea de conflitos e alcance de objetivos imediatos (*coaching*), a busca de conhecimento de religiões orientais, práticas esotéricas, ou mesmo surpreendentemente a volta a modelos de fundamentalismo religioso que, até pouco tempo, pareciam ter os dias contados. Sentindo-se incapaz de responder aos seus questionamentos espirituais por si só, o ser humano busca ajuda, pois se sente órfão, ou, como escrito nos Evangelhos, como ovelha sem pastor (Mt 9,36)". Será sempre e cada vez mais necessário trabalhar e retrabalhar a temática diante dos novos desafios e das novas modalidades de busca, sem jamais perder de vista a rica bimilenar tradição cristã, unida na identidade e na finalidade, embora com formas práticas diferentes ao longo dos séculos de história do cristianismo. Saber acompanhar o movimento dos tempos atuais e saber escutar as demandas atuais de necessidade de Direção Espiritual será um dos grandes desafios nos próximos anos, sobretudo tendo em vista a realidade do pós-pandemia. Aqui a Igreja também é chamada a não desanimar e continuar praticando o bem incansavelmente (Gl 6,9).

O Cristiano trabalha muito bem a temática a partir da teologia espiritual e da história, passando pelo dado tanto da busca como da rejeição da direção espiritual, indo além de tal prática como regra eclesiástica – a exemplo da formação sacerdotal e religiosa –, a ser obedecida puramente por ser uma norma da formação ou da vida cristã como tal, mas sim por representar uma necessidade antropológica decorrente da própria condição humana. Neste sentido, ter trabalhado tal tema a partir da antropologia teológica, tendo presente a realidade e as necessidades humanas, reveste este trabalho de um enorme valor, pois embora a realidade concreta mude, a necessidade da direção permanece e continuará sendo um valor para as gerações futuras. A esse respeito, a Direção Espiritual haverá sempre de ajudar o ser humano não apenas em sua relação com Deus, o Outro por excelência, mas igualmente em sua relação com o próximo, ou seja, com os demais seres humanos, visto que todos habitamos a "casa comum" (EG 183 e 206).

A modernidade, com suas várias correntes filosóficas e psicológicas, por exemplo, criou um ser humano autorreferenciado e autofechado, na lógica de condomínio, centrado em si mesmo, altamente egolátrico, centrado na autogestão e no autosserviço, com dificuldades para abrir-se ao outro, refém de suas próprias armadilhas. Aliás, nem sempre as hodiernas correntes teológicas têm conseguido trabalhar e ajudar a humanidade, que cada vez mais tem gritado fortemente por individualidade e liberdade, beirando ao individualismo, além de propagar e defender suas ideias diante da coletividade, querendo impor seu modo de pensar e viver, esquecendo-se da regra de Santo Inácio de Loyola: o universal tem primazia sobre o particular. As atuais mídias e redes sociais não têm conseguido ajudar neste sentido. Aqui é preciso valorizar a Direção Espiritual, que não se faz em um momento e sim em uma caminhada vital, num longo processo de acompanhamento e discernimento entre pessoas que querem crescer, abertas e dispostas a trilhar um caminho juntas, na liberdade e na responsabilidade. Isso, não apenas com o diretor ou diretora espiritual, mas sobretudo nas relações recíprocas, dando e recebendo sempre, num lindo processo de mútuo enriquecimento.

Para Cristiano, a prática da Direção Espiritual permaneceu e tem razão de ser e continuar existindo justamente por causa de sua razão antropológica, visto que o ser humano é sua razão mais profunda de ser e existir. Aliás, o ser humano se redescobre como pessoa a cada momento e precisa continuar se redescobrindo no contato com os demais, especialmente neste mundo tão plural em que vivemos. Aqui não temos dúvidas, esta obra oferece uma grande contribuição para o campo da direção espiritual, pois oferece a temática na história do cristianismo e no contato com as demais realidades existentes e não apenas na experiência cristã, embora seja este o foco.

Aliás, a figura do diretor e da diretora espiritual que emerge da obra do Cristiano é aquela de alguém aberto e disposto a percorrer o caminho junto, a realizar um encontro com o outro, num processo de ajuda para o crescimento do ser humano, tendo presente a realidade histórica e concreta de cada um. Embora seja alguém que deverá sempre dizer uma palavra, o(a) diretor(a) espiritual deverá igualmente buscar sempre no(a) dirigido(a) o processo de um discernimento a ser atingido em comum, pois escuta e discernimento devem caminhar prudentemente juntos, em vista do crescimento do ser humano. E como bem enfatiza o autor, "cabe à Igreja, por meio dos diretores espirituais, acompanhar cada indivíduo no processo de redescobrir sua identidade e sua vocação primeira, que é amar a Deus e amar o próximo, amando-se a si mesmo". Nesta travessia, ajudará muito o fato de que cada pessoa se sinta acolhida a partir de sua história de vida concreta, com suas alegrias e seus sofrimentos.

Seguramente esta obra irá ajudar a todas as pessoas, independentemente de sua confissão de fé. Esta é uma temática que se faz urgente, embora tenha sofrido desgastes sobremaneira ao longo das últimas décadas. Trata-se de uma obra que deverá não apenas trazer alento e vigor a muitos diretores e diretoras espirituais, mas sobretudo despertar ainda mais o interesse pela área, pastoral e academicamente falando. Não temos dúvidas em reconhecer que se trata de uma grande colaboração à Teologia como um todo, mas especialmente à teologia espiritual, sempre e cada vez mais chamada em causa para ajudar na ação evangelizadora da Igreja, acompanhando seus filhos e filhas onde e na situação concreta em que eles se encontram. Enfim, a leitura foi muito agradável, didática e fascinante. Parabéns ao autor e ao orientador da dissertação.

Prof.-Dr. Pe. Waldecir Gonzaga
Diretor e professor do Departamento de Teologia da PUC-Rio

Referências bibliográficas

A Regra de São Bento. Rio de Janeiro: Lumen Christi, 2003.

AGOSTINHO DE HIPONA. *Confissões*. São Paulo: Paulus, 1997.

ALEXANDER. *Ambrosio Ancião de Optina*. Disponível em: <https://www.fatheralexander.org/booklets/portuguese/ambrose_p.htm>. Acesso em: 27 ago. 2018.

ALVES, R. *O amor que acende a lua*. Campinas: Papirus, 2011.

ALVES, R. *O sapo que queria ser príncipe*: adolescência e juventude. 2ª ed. São Paulo: Planeta, 2014.

AQUINO, F. R. Q. *História da Igreja*: Idade Antiga. Lorena: Cléofas, 2018.

BARRY, W. A.; CONNOLLY, W. J. *A prática da Direção Espiritual*. São Paulo: Loyola, 1990.

BAUMAN, Z. *Modernidade líquida*. Rio de Janeiro: Zahar, 2001.

BENTO XVI, PP. *Audiência Geral* (4 de junho de 2008). Disponível em:<https://w2.vatican.va/content/benedict-xvi/pt/audiences/2008/documents/hf_ben-xvi_aud_20080604.html>. Acesso em: 27 ago. 2018.

BENTO XVI, PP. *Discurso aos Prelados da Conferência Nacional dos Bispos do Brasil (Regional Nordeste 3) em visita Ad limina Apostolorum* (10 de setembro de 2010). Disponível em: <https://w2.vatican.va/content/benedict-xvi/pt/speeches/2010/september/documents/hf_ben-xvi_spe_20100910_ad-limina-brasile.html>. Acesso em: 27 ago. 2018.

BERGER, P. L. *O dossel sagrado*: elementos para uma teoria sociológica da religião. São Paulo: Paulinas, 1985.

BETTENCOURT, E. T. (Org.). *Apoftegmas*: a sabedoria dos antigos Padres. Rio de Janeiro: Lumen Christi, 1979.

Bíblia de Jerusalém. São Paulo: Paulus, 2003.

BONOWITZ, B. *Buscando verdadeiramente a Deus*. Santo André: Mensageiro de Santo Antônio, 2013.

BORINE, M. S. *Resenha do Livro "O cérebro emocional", de J. Ledoux*. Disponível em: <https://www.metodista.br/revistas/revistas-ims/index.php/MUD/article/viewFile/837/854>. Acesso em: 2 ago. 2018.

BRETON, P. *Argumentar em situações difíceis*. São Paulo: Manole, 2005.

CARRIQUIRY, G. *Dez anos depois de Aparecida: ali nasceu o pontificado de Bergoglio*. Disponível em: <ihu.unisinos.br/78-noticias/568256-dez-anos-depois-de-aparecida-carriquiry-ali-nasceu-o-pontificado-de-bergolgio>. Acesso em 21 jun. 2018.

CARVALHO, F.; FRIDERICHS, B. A mídia como meio e como instituição na hipermodernidade e na modernidade líquida. *Revista Iniciacom*, vol. 5, n. 2, 2013. Disponível em: <http://portcom.intercom.org.br/revistas/index.php/iniciacom/article/view/1757/1627>. Acesso em: 21 jun. 2018.

Catecismo da Igreja Católica. São Paulo: Paulus, 2001.

Codex Iuris Canonici [1917]. Disponível em: <http://www.jgray.org/codes/cic17lat.html>. Acesso em: 18 set. 2018.

Código de Direito Canônico. São Paulo: Loyola, 2001.

CONCÍLIO ECUMÊNICO VATICANO II. *Vaticano II*: mensagens, discursos, documentos. 2. ed. São Paulo: Paulinas, 1998.

CONFERÊNCIA NACIONAL DOS BISPOS DO BRASIL. *Comunidade de comunidades*: uma nova paróquia. Brasília: Edições CNBB, 2014. (Documento n. 100).

CONFERÊNCIA NACIONAL DOS BISPOS DO BRASIL. *Discípulos e servidores da Palavra de Deus na missão da Igreja*. São Paulo: Paulinas, 2012. (Documento n. 97).

CONFERÊNCIA NACIONAL DOS BISPOS DO BRASIL. *Iniciação à Vida Cristã*: itinerário para formar discípulos missionários. Brasília: Edições CNBB, 2017. (Documento n. 107).

CONGREGAÇÃO PARA A DOUTRINA DA FÉ. *Carta Placuit Deo aos Bispos da Igreja Católica sobre alguns aspectos da salvação cristã*. Disponível em: <http://www.vatican.va/roman_curia/congregations/cfaith/documents/rc_con_cfaith_doc_20180222_placuit-deo_po.html>. Acesso em: 30 jul. 2018.

CONGREGAÇÃO PARA O CLERO. *Diretório para o Ministério e a Vida dos Presbíteros*. Disponível em: <http://www.vatican.va/roman_curia/congregations/cclergy/documents/rc_con_cclergy_doc_20130211_direttorio-presbiteri_po.html>. Acesso em: 27 ago. 2018.

CONGREGAÇÃO PARA O CLERO. *O dom da vocação presbiteral*: Ratio Fundamentalis Institutionis Sacerdotalis. Brasília: Edições CNBB, 2017.

CONGREGAÇÃO PARA O CULTO DIVINO. *Missal Romano*. São Paulo: Paulus, 1997.

CONSELHO EPISCOPAL LATINO-AMERICANO. *Documento de Aparecida*. São Paulo: Paulinas, 2007.

CONSELHO EPISCOPAL LATINO-AMERICANO. *Documentos do CELAM*: Rio de Janeiro, Medellín, Puebla, Santo Domingo. São Paulo: Paulus, 2005.

CONSELHO FEDERAL DE PSICOLOGIA; APAF. *Texto de esclarecimento sobre a Psicologia do Esporte, Coaching e o Sistema Conselhos*. Disponível em: <https://site.cfp.org.br/cfp-e-apaf-divulgam-nota-de-esclarecimento-sobre-a-psicologia-do-esporte-coaching-e-sistema-conselhos>. Acesso em: 21 jun. 2018.

DIAS, F. *A farra do* coaching *e as mentiras que te contaram*. Disponível em: <https://medium.com/@felipedias_733/a-farra-do-coaching-e-as-mentiras-que-lhe-contaram-9a8ddad1af93>. Acesso em: 21 jun. 2018.

DIMBLEBY, R.; BURTON, G. *Mais do que palavras*: uma introdução à teoria da comunicação. 4ª ed. São Paulo: Summus, 1990.

FAVALE, A. *A formação inicial dos candidatos ao presbiterado*. São Paulo: Palavra & Prece, 2008.

FERNANDES, L. A. *Evangelização e família*: subsídio bíblico, teológico e pastoral. São Paulo: Paulinas, 2015.

FERREIRA, A. B. H. *Novo dicionário Aurélio da Língua Portuguesa*. Curitiba: Positivo, 2004.

FILORAMO, G. (Ed.). *Storia della Direzione Spirituale*. V. 1: l'età antica. Brescia: Morcelliana, 2006.

FILORAMO, G. (Ed.). *Storia della Direzione Spirituale*. V. 2: l'età medievale. Brescia: Morcelliana, 2010.

FILORAMO, G. (Ed.). *Storia della Direzione Spirituale*. V. 3: l'età moderna. Brescia: Morcelliana, 2008.

FRANCISCO, PP. *Carta Encíclica Laudato Si' sobre o cuidado da casa comum*. São Paulo: Loyola, 2015.

FRANCISCO, PP. *Exortação Apostólica* Evangelii Gaudium *sobre o anúncio do Evangelho no mundo atual*. São Paulo: Paulinas, 2014.

FRANCISCO, PP. *Exortação Apostólica* Gaudete et Exsultate *sobre a chamada à santidade no mundo atual*. São Paulo: Paulus, 2018.

FRANCISCO, PP. *Meditazione mattutina nella Cappella della* Domus Sanctae Marthae (22 de março de 2018). Disponível em: <http://w2.vatican.va/content/francesco/it/cotidie/2018/documents/papa-francesco-cotidie_20180322_dioamaciascuno-comeunpadre-e-comeunamadre.html>. Acesso em: 11 set. 2018.

GASQUES, J. *No último banco*. São Paulo: Loyola, 2007.

GIRARD, V.; CHALVIN, M. J. *Um corpo para compreender e aprender*. São Paulo: Edições Loyola, 2001.

GÓIS, J. D. *Breve curso sobre os sacramentos*. São Paulo: Loyola, 2002.

GRÜN, A. *A Orientação Espiritual dos Padres do Deserto*. Petrópolis: Vozes, 2013.

GRÜN, A. *O céu começa em você*: a sabedoria dos Padres do Deserto para hoje. Petrópolis: Vozes, 2015.

GRÜN, A. *Perdoa a ti mesmo*. Petrópolis: Vozes, 2014.

GUENTHER, M. *Holy Listening*: the art of Spiritual Direction. Boston, MA: Cowley Publications, 1992.

GUILHERME de St-Thierry. *Carta de Ouro*. Campinas: Ecclesiae, 2016.

GUNNEWEG, A. H. *Hermenêutica do Antigo Testamento*. São Leopoldo: Sinodal, 2003.

HALÍK, T. *Toque as feridas*: sobre sofrimento, confiança e a arte da transformação. Petrópolis: Vozes, 2016.

HANMER, P.; JUNQUEIRA, M. C. A. V. *Escutar*: habilidade e arte. São Paulo: Biblioteca 24 horas, 2017.

INÁCIO DE LOYOLA. *Exercícios Espirituais*. São Paulo: Loyola, 2015.

INSTITUTO BRASILEIRO DE GEOGRAFIA E ESTATÍSTICA. *Censo demográfico de 2010*: Características gerais da população, religião e pessoas com deficiência. Rio de Janeiro: IBGE, Diretoria de Pesquisas, 2010.

JACOB, C. R. *Religião e sociedade em capitais brasileiras*. São Paulo: Loyola, 2006.

JOÃO da Cruz. *Obras de São João da Cruz*. Vol. II: Cântico Espiritual, Chama Viva de Amor. Petrópolis: Vozes, 1960.

JÚNIOR, N. S. Igreja líquida: uma leitura da Igreja moderna através do Neopentecostalismo. *Revista Ciberteologia*, ano VII, n. 34, abr./jun. 2011. Disponível em: <http://ciberteologia.paulinas.org.br/ciberteologia/wp-content/uploads/downloads/2011/04/02 Igreja.pdf>. Acesso em: 21 jun. 2018.

KEHL, L. A. B. *O caminho da oração*: o itinerário dos Padres do Deserto. Santo André: Mensageiro de Santo Antônio, 2014.

LACARRIÈRE, J. *Padres do Deserto*: homens embriagados de Deus. São Paulo: Loyola, 2013.

LADARIA, L. F. *Introdução à Antropologia Teológica*. São Paulo: Loyola, 2016.

LADARIA, L. F. *O Deus vivo e verdadeiro*: o mistério da Trindade. São Paulo: Loyola, 2005.

LEÃO XIII, PP. *Decreto Quemadmodum*. Disponível em: <https://exopus.wordpress.com/indice/varios/decreto-%C2%ABquemadmodum%C2%BB-de-leon-xiii-17-xii-1890/>. Acesso em: 18 set. 2018.

LIBÂNIO, J. B. *A religião no início do milênio*. São Paulo: Loyola, 2002.

LIPOVETSKY, G. *A sociedade pós-moralista*: o crepúsculo do dever e a ética indolor dos novos tempos democráticos. São Paulo: Manole, 2005.

LOUF, A. *Mais pode a Graça*: o acompanhamento espiritual. Aparecida: Santuário, 1997.

MAUPEOU, Y. M. G. de. A visão de pessoa na teoria de Carl Rogers. *Arquivos Brasileiros de Psicologia Aplicada*, Rio de Janeiro, v. 26, n. 1, jan./mar. 1974.

MENDIZÁBAL, L. *Dirección Espiritual*: teoria y práctica. Madrid: BAC, 1978.

MERTON, T. *Direção Espiritual e meditação*. Petrópolis: Vozes, 1965.

MOUNIER, E. *O Personalismo*. São Paulo: Centauro, 2004.

NOUWEN, H. J. M. *O curador ferido*: o ministério na sociedade contemporânea. 2ª ed. renov. Prior Velho: Paulinas, 2010.

PACKWA, M. *Call no man father?* Disponível em: <https://www.catholic.com/magazine/print-edition/call-no-man-father-0>. Acesso em: 27 ago. 2018.

PADOVESE, L. *Introdução à Teologia Patrística*. São Paulo: Loyola, 1999.

PADRES Apostólicos. São Paulo: Paulus, 2017.

PEIXOTO, C. H. "Entre o tribunal e o divã": anotações pastorais sobre a diferença entre Confissão e Orientação Espiritual. *Revista Itaici*, n. 108, p. 63-73, jun. 2017.

PEREIRA, J. C. *Pastoral da Escuta*: por uma paróquia em permanente estado de missão. São Paulo: Paulus, 2013.

PLATÃO. *Teeteto – Crátilo*. Belém: Editora Universitária UFPA, 2001.

PLUS, R. *La Direzione Spirituale*: natura, necessità, metodo. Turim: Marietti, 1944.

RAGUIN, Y. *A Direção Espiritual*. São Paulo: Paulinas, 1988.

RITUAL DA INICIAÇÃO CRISTÃ DE ADULTOS. São Paulo: Paulinas, 1975.

ROGERS, C. R. *Tornar-se pessoa*. São Paulo: WMF Martins Fontes, 2009.

ROSENBERG, M. B. *Comunicação não violenta*: técnicas para aprimorar relacionamentos pessoais e profissionais. São Paulo: Ágora, 2006.

RUBIO, A. G. *Unidade na pluralidade*: o ser humano à luz da fé e da reflexão cristãs. São Paulo: Paulinas, 1989.

SAADEH, Y. H.; MADROS, P. H. *Fé e Escritura*: desafios e respostas. 2ª ed. São Paulo: Loyola, 1991.

SALVADOR, C. C.; EMBIL, J. M. U. *Dicionário de Direito Canônico*. São Paulo: Loyola, 1997.

SANTOS, A. H. *O poder de uma boa conversa*: comunicação e empatia para líderes, gestores, *coaches*, educadores, pais e demais facilitadores. Petrópolis: Vozes, 2017.

SARTRE, J.-P. *O existencialismo é um humanismo*. Lisboa: Editorial Presença, 1962.

SCIADINI, P. *A pedagogia da Direção Espiritual*. São Paulo: Loyola; Edições Carmelitanas, 2016.

SILVA, A. L. *Indivíduos sem-religião*: desencantamento metafísico do mundo. Jundiaí: Paco Editorial, 2013.

SILVA, M. J. P. *Comunicação tem remédio*: a comunicação nas relações interpessoais em saúde. 7ª ed. São Paulo: Loyola, 2002.

SILVA, M. *O personalismo de Emmanuel Mounier e sua influência para a compreensão do homem integral na contemporaneidade*. Disponível em: <https://www.webartigos.com/artigos/o-personalismo-de-emmanuel-mounier-e-sua-influencia-para-a-compreensao-do-homem-integral-na-contemporaneidade/28919#ixzz5LcmG3blz>. Acesso em: 18 jul. 2018.

SOLIMEO, P. M. *São Basílio Magno*. Disponível em: <https://www.ecclesia.com.br/biblioteca/hagiografia/s_basilio.html>. Acesso em: 12 set. 2018.

SOUROGE, A. *Acerca do Pai Espiritual e da Paternidade Espiritual.* Disponível em: <https://www.ecclesia.com.br/biblioteca/espiritualidade/acerca_do_pai_espiritual_e_da_paternidade_espiritual.html>. Acesso em: 8 out. 2018.

SPIDLIK, T. *A arte de purificar o coração.* São Paulo: Paulinas, 2014.

SZENTMÁRTONI, M. *Caminhar juntos*: psicologia pastoral. São Paulo: Loyola, 2006.

TEIXEIRA, F.; MENEZES, R. (Orgs.). *Religiões em movimento*: o Censo de 2010. Petrópolis: Vozes, 2013.

TERESA DE JESUS. *Livro da Vida.* São Paulo: Paulus, 2016.

VILLASENOR, R. L. Crise institucional: os sem religiosidade própria. *Revista Nures*, Ano IX, n. 23, jan.-abr. 2013. p. 9-11. Disponível em: <https://revistas.pucsp.br/index.php/nures/article/view/22202/16239>. Acesso em: 28 mai. 2018.

WICKS, J. *Introdução ao método teológico.* São Paulo: Loyola, 1999.

WILDE, O. *The decay of lying.* Disponível em: <http://virgil.org/dswo/courses/novel/wilde-lying.pdf>. Acesso em: 26 mai. 2018.

ZIEGLER, G. *Madri del deserto*: eremite del primo Cristianesimo. Città del Vaticano: Libreria Editrice Vaticana, 2015.

ZILLES, U. *Antropologia Teológica.* São Paulo: Paulus, 2011.

Série Teologia PUC-Rio

- *Rute: uma heroína e mulher forte*
Alessandra Serra Viegas

- *Por uma teologia ficcional: a reescritura bíblica de José Saramago*
Marcio Cappelli Aló Lopes

- *O Novo Êxodo de Isaías em Romanos – Estudo exegético e teológico*
Samuel Brandão de Oliveira

- *A escatologia do amor – A esperança na compreensão trinitária de Deus em Jürgen Moltmann*
Rogério Guimarães de A. Cunha

- *O valor antropológico da Direção Espiritual*
Cristiano Holtz Peixoto

- *Mística Cristã e Literatura Fantástica em C. S. Lewis*
Marcio Simão de Vasconcellos

- *A cristologia existencial de Karl Rahner e de Teresa de Calcutá – Dois místicos do século sem Deus*
Douglas Alves Fontes

- *O sacramento-assembleia – Teologia mistagógica da comunidade celebrante*
Gustavo Correa Cola

LEIA TAMBÉM:

Dicionário de Teologia Fundamental

Esse *Dicionário* tem por base o binômio revelação-fé. Em torno deste eixo giram os 223 verbetes que o compõem. A estrutura do *Dicionário* foi pensada de modo a propor, a quem o desejar, um estudo sistemático de todos os temas da Teologia Fundamental: os princípios básicos e suas implicações.

Em sua concepção inicial, essa obra procurou definir, antes de tudo, as grandes linhas do *Dicionário* e, em seguida, determinar os verbetes a serem tratados, levando em conta uma série de critérios.

Mesmo tendo sido composto há algumas décadas, permanece muitíssimo atual, justamente pela forma abrangente utilizada em sua organização. Sendo um dicionário, não contém tratados teológicos sistemáticos, mas cada temática é apresentada com uma grande abrangência. Além disso, ao final de cada verbete há indicações bibliográficas para aprofundamento.

EDITORA VOZES
Editorial

CULTURAL
- Administração
- Antropologia
- Biografias
- Comunicação
- Dinâmicas e Jogos
- Ecologia e Meio Ambiente
- Educação e Pedagogia
- Filosofia
- História
- Letras e Literatura
- Obras de referência
- Política
- Psicologia
- Saúde e Nutrição
- Serviço Social e Trabalho
- Sociologia

CATEQUÉTICO PASTORAL
Catequese
- Geral
- Crisma
- Primeira Eucaristia

Pastoral
- Geral
- Sacramental
- Familiar
- Social
- Ensino Religioso Escolar

TEOLÓGICO ESPIRITUAL
- Biografias
- Devocionários
- Espiritualidade e Mística
- Espiritualidade Mariana
- Franciscanismo
- Autoconhecimento
- Liturgia
- Obras de referência
- Sagrada Escritura e Livros Apócrifos

Teologia
- Bíblica
- Histórica
- Prática
- Sistemática

REVISTAS
- Concilium
- Estudos Bíblicos
- Grande Sinal
- REB (Revista Eclesiástica Brasileira)

VOZES NOBILIS
Uma linha editorial especial, com importantes autores, alto valor agregado e qualidade superior.

PRODUTOS SAZONAIS
- Folhinha do Sagrado Coração de Jesus
- Calendário de mesa do Sagrado Coração de Jesus
- Agenda do Sagrado Coração de Jesus
- Almanaque Santo Antônio
- Agendinha
- Diário Vozes
- Meditações para o dia a dia
- Encontro diário com Deus
- Guia Litúrgico

VOZES DE BOLSO
Obras clássicas de Ciências Humanas em formato de bolso.

CADASTRE-SE
www.vozes.com.br

EDITORA VOZES LTDA.
Rua Frei Luís, 100 – Centro – Cep 25689-900 – Petrópolis, RJ
Tel.: (24) 2233-9000 – Fax: (24) 2231-4676 – E-mail: vendas@vozes.com.br

UNIDADES NO BRASIL: Belo Horizonte, MG – Brasília, DF – Campinas, SP – Cuiabá, MT
Curitiba, PR – Fortaleza, CE – Goiânia, GO – Juiz de Fora, MG
Manaus, AM – Petrópolis, RJ – Porto Alegre, RS – Recife, PE – Rio de Janeiro, RJ
Salvador, BA – São Paulo, SP